Sabine Lingenauber

Einführung in die Reggio-Pädagogik

Sabine Lingenauber

Einführung in die Reggio-Pädagogik

Kinder, Erzieherinnen und Eltern als konstitutives Sozialaggregat

projektverlag.

Bibliografische Information der Deutschen Nationalbibliothek

Die Deutsche Nationalbibliothek verzeichnet diese Publikation in der Deutschen Nationalbibliografie; detaillierte bibliografische Daten sind im Internet über http://dnb.d-nb.de abrufbar.

ISBN 978-3-89733-191-4

5., überarbeitete Auflage

Vertrieb@projektverlag.de
www.projektverlag.de

Vorwort

Seit der ersten Auflage dieses Buches im Jahr 2001 haben sich sowohl der Stellenwert frühkindlicher Bildung, Betreuung und Erziehung als auch die Bedeutung der *Reggio-Pädagogik* in der Bundesrepublik Deutschland erhöht. In der Praxis wie im Diskurs werden vermehrt Antworten auf die Frage gesucht, wie Deutschlands Bildungssystem gerechter werden kann.

Auch in der norditalienischen Stadt Reggio Emilia werden Bildungsbiographien – ebenso wie in der Bundesrepublik Deutschland – von Armut, Migration und Behinderung beeinflusst. Diese Unterschiede führen jedoch in den kommunalen Kindertageseinrichtungen Reggio Emilias *nicht* zu Bildungsbenachteiligungen. Vielmehr steht Bildungsgerechtigkeit für jedes Kind im Zentrum dieser Pädagogik. Kinder mit Lernschwierigkeiten sind daher in Reggio Emilia *Kinder mit besonderen Rechten*. Es geht im frühkindlichen Bildungssystem Reggio Emilias also darum, die bestmöglichen Lernstrategien und die jeweils bevorzugte Sprache eines Kindes zu finden. So werden die Möglichkeiten und das Recht sämtlicher Kinder anerkannt, sich durch eigene Strategien in der Gemeinschaft zu entwickeln und sich, bildlich gesprochen, in *hundert Sprachen* auszudrücken. Die pädagogische Haltung beruht auf einer sozialkonstruktivistischen Perspektive, in der Unterschiede keine Hierarchien begründen. Das Respektieren von Unterschieden und das Vermeiden von Hierarchien werden durch eine umfassende Partizipation von Kindern, Erzieherinnen und Eltern erreicht. Die Reggio-Pädagogik basiert demnach auf Wertschätzung von Unterschieden, die im Austausch zwischen Kindern und Erwachsenen willkommen geheißen werden.

Als pädagogischer Ansatz ist die Reggio-Pädagogik auch künftig in besonderer Weise geeignet, Impulse für Innovationen im Bereich frühkindlicher Bildung, Betreuung und Erziehung in der Bundesrepublik Deutschland zu geben. In den Bildungsplänen einiger Bundesländer lassen sich bereits Einflüsse der Reggio-Pädagogik – beispielsweise in den zugrunde gelegten Menschenbildern – deutlich erkennen. Auch in der Erzieherinnenausbildung hat die Reggio-Pädagogik ihren festen Platz gefunden.

Sabine Lingenauber Fulda, im November 2008

Einleitung

Am Anfang dieses Buches möchte ich darlegen, wie ich persönlich zur Reggio-Pädagogik gekommen bin. Als 1984 die erste deutschsprachige Veröffentlichung über Reggio Emilia erschien, arbeitete ich als Erzieherin in einer städtischen Kindertagesstätte. Die damalige Leiterin der Einrichtung, Dörthe van der Voort, war begeistert von den Fotos, die Berliner Fachberaterinnen in Reggio gemacht und in ihrer Dokumentation *Das Auge schläft, bis es der Geist mit einer Frage weckt* veröffentlicht hatten (vgl. Hermann u. a. 1984). Mein pädagogischer Alltag veränderte sich hierdurch. Die Leiterin führte Veränderungen im Raumkonzept der Einrichtung durch. Beispielsweise sollte das Mittagessen der Kinder zukünftig nicht mehr gruppenweise eingenommen werden, sondern sämtliche Kinder der Kindertagesstätte aßen von nun an gemeinsam in einem sogenannten Kinderrestaurant. Ich teilte zwar die Faszination durch die Eindrücke aus Reggio Emilia, die das Buch mir vermittelte, aber der Übernahme einzelner Ideen aus Reggio Emilia in unsere Kindertagesstätte stand ich skeptisch gegenüber, weil mir die Hintergründe damals verborgen waren. Das Buch warf viele Fragen auf, die für mich lange Jahre unbeantwortet blieben.

Die Thematik der Reggio-Pädagogik begegnete mir dann 1989 während meines Studiums der Heilpädagogik wieder. In einer Vorlesung zu konzeptionellen Grundlagen der Integrationspädagogik erwähnte Professorin Ulrike Schildmann – zu meiner großen Überraschung – neben bekannten pädagogischen Ansätzen, wie beispielsweise dem der Montessori-Pädagogik, auch die Reggio-Pädagogik. Ich war erstaunt, von der Reggio-Pädagogik in einem Atemzug mit einem so theoretisch fundierten Ansatz wie dem oben genannten zu hören.

Nachdem ich mich 1995 in den *Ergänzungsstudiengang Erziehungswissenschaft* eingeschrieben hatte, fielen mir beim ersten

Durchblättern des Vorlesungsverzeichnisses gleich zwei Seminare zur Reggio-Pädagogik auf. Ich verpflichtete mich in beiden Seminaren zu einem Leistungsnachweis und begann, die deutschsprachige Literatur zum Thema Reggio-Pädagogik zu studieren. Mich faszinierte von nun an die Beantwortung der Frage, was die Reggio-Pädagogik theoretisch und praktisch als eigenständige Pädagogik ausmacht. Gleichzeitig erfuhr ich durch Tassilo Knauf vom Verein *Dialog Reggio* und von einer geplanten Studienfahrt nach Reggio Emilia. Im November 1997 nahm ich an der einwöchigen *Studienfahrt der Bundesrepublik Deutschland* nach Reggio Emilia teil. Ich konnte mir dort ein eigenes Bild von der Reggio-Pädagogik machen, das ich als farbenprächtiges Fresko in Erinnerung behalten habe.

Der Titel des vorliegenden Buches: *Einführung in die Reggio-Pädagogik. Kinder, Erzieherinnen und Eltern als konstitutives Sozialaggregat* wurde aus folgenden Gründen gewählt. Ein Aggregat bezeichnet ein System, das sich aus verschiedenen einzelnen Systemen zusammensetzt, die zusammen eine Einheit bilden. Der Begriff Aggregat ist schon von Malaguzzi auf die Triade Kinder, Erzieherinnen[1] und Eltern angewandt worden, worauf im Laufe des nachfolgenden Textes noch ausführlicher eingegangen wird (vgl. Malaguzzi 1990, 40). Weil es sich dabei um soziale Gruppen handelt, habe ich es Sozialaggregat genannt. Um darauf hinzuweisen, dass dieses Buch keine erschöpfende Gesamtdarstellung der Reggio-Pädagogik sein kann, ist das Adjektiv *konstitutiv*, im Sinne von grundlegend, benutzt worden. Insofern weist der Titel darauf hin, dass die Ausführungen die drei wesentlichen und in wechselseitiger Beeinflussung stehenden Gruppen thematisiert: Kinder, Erzieherinnen und Eltern.

---

[1] Hier und im Folgenden wird die Bezeichnung Erzieherinnen gewählt, da in den Kindertagesstätten von Reggio Emilia überwiegend Frauen beschäftigt sind. Um komplizierte Satzstrukturen zu vermeiden, schließt diese Bezeichnung andere Berufsgruppen wie z. B. Atelierleiterinnen und Fachberaterinnen mit ein.

Die Darstellung der Inhalte der drei Systeme ist *ein* Schwerpunkt dieses Buches. Ein zweiter liegt darin, die Wechselwirkungen der drei Systeme aufzuzeigen. Aus diesem Grund werden Kinder, Erzieherinnen und Eltern bei der Bearbeitung der verschiedenen Themen zwar analytisch voneinander getrennt, jedoch werden die einzelnen Themen, bezogen auf die drei Systeme, vernetzt dargestellt.

Die drei Systeme Kinder, Erzieherinnen und Eltern sind jedoch nicht als in sich abgeschlossen zu denken. Sie sind als offene Systeme zu verstehen, die sich wechselseitig beeinflussen. Gemeinschaftlich bilden die drei genannten Systeme das Sozialaggregat. Dieses ist aber wiederum nicht als eine in sich geschlossene Gesamtheit zu verstehen. Vielmehr steht das Sozialaggregat beispielsweise in Wirkungszusammenhängen mit dem Gemeinwesen der Stadt Reggio Emilia und mit den anderen kommunalen Kindertagesstätten und Krippen. Dazu führte der Direktor der Kindertagesstätten von Reggio Emilia, Sergio Spaggiari, bei einer Fachtagung im März 1988 in Hamburg Folgendes aus: „Unsere Auffassung ist es, dass wir eine Gemeinschaft von Eltern, Erziehern und Kindern sind, die sich aber auch nicht isolieren kann aus ihrem sozialen Umfeld und von den sozialen Institutionen“ (Spaggiari 1990, 75). Die drei verschiedenen Systeme Kinder, Erzieherinnen und Eltern sowie ihre Wirkungszusammenhänge sind also von wesentlicher Bedeutung für das Erziehungskonzept der kommunalen Kindertagesstätten und Krippen in Reggio Emilia. Diese These bildet das Kernstück der vorliegenden Veröffentlichung und soll im Folgenden näher ausgeführt und begründet werden.

In Reggio Emilia vollzieht sich die Erziehung des Kindes in Gemeinschaften. Der langjährige *Pädagogische Direktor* der Kindertagesstätten, Loris Malaguzzi, schrieb 1998: „Die kindliche Entwicklung stellt sich demnach nicht als individuelle Angelegenheit dar, sondern als ein Prozess, der sich innerhalb einer Gemeinschaft vollzieht“ (Malaguzzi 1998a, 13). Diese Aussage Malaguzzis spricht mehrere Ebenen an. Einerseits ist die Entwicklung des Kindes ein selbstbestimmter Lernprozess. Für ihn braucht das Kind aber nicht nur seine eigenen schöpferischen Fähigkeiten, sondern auch die Gemeinschaft der anderen Kinder und die der Erwachsenen. Andererseits liegt die kindliche Entwicklung weder in der alleinigen Verantwortung der Erzieherinnen noch in der alleinigen Verantwortung der Eltern. In diesem Verständnis von wechselseitiger Bedingtheit der einzelnen Systeme Kinder, Erzieherinnen und Eltern spiegelt sich das Grundverständnis der Reggio-Pädagogik wider. Erziehung in diesem Sinne ist also nicht das Ergebnis der Handlungen und Fähigkeiten Einzelner, sondern sie ist nur in einem gemeinschaftlichen Prozess zu realisieren. Dabei wird das Erziehungssystem zwar durch das Sozialaggregat konstituiert, aber es wird durch eine Vielzahl weiterer Merkmale mitgeprägt, deren erschöpfende Darstellung den Rahmen dieses Buches überschreiten würde. An dieser Stelle seien nur einige genannt, die sich in einer Selbstdarstellung aus Reggio Emilia zusammengefasst finden: „Weitere unterscheidende Merkmale des Systems schließen die Organisation der Arbeit ein, die stark auf Kollegialität und zwischenmenschlichen Beziehungen, der Wichtigkeit der Umgebung als erzieherischer Gesprächspartner, der Gegenwart des Ateliers, der wesentlichen und intensiven Mitbeteiligung der Familien und kommunalen Repräsentanten und der zusammenwirkenden Beziehungsaufnahme mit dem äußeren Gemeinwesen beruht“ (Reggio Children 2000, 7, Übersetzung d. Verf.).

Dieses Buch ist in fünf Kapitel gegliedert. Das erste Kapitel beschäftigt sich mit den theoretischen Grundlagen der Reggio-Pädagogik und zielt auf eine Darstellung der Kompetenzen von Kindern, Erzieherinnen und Eltern sowie deren Wirkungszusammenhänge ab. Dabei werden die überwiegend deutschsprachige Literatur und die Dokumentationen von Fachtagungen zu dieser Thematik analysiert.

Das zweite Kapitel ist den Rechten gewidmet, die Kindern, Erzieherinnen und Eltern in den Kindertagesstätten von Reggio Emilia zugesprochen werden. Die Partizipation von Kindern, Erzieherinnen und Eltern wird im dritten Kapitel thematisiert. Im vierten Kapitel geht es um Konzeptionen[2] reggianischer Kindertagesstätten, die wiederum bezogen auf die drei Systeme Kinder, Erzieherinnen und Eltern untersucht werden. Die hierfür verwendeten Texte liegen zum größten Teil nur in italienischer und englischer Sprache vor, so dass Übersetzungen ins Deutsche vorgenommen wurden. Im Vergleich zum Material des ersten Kapitels handelt es sich also hierbei um authentische Darstellungen der Kinder, Erzieherinnen und Eltern aus Reggio Emilia selbst. Das fünfte Kapitel stellt eine Zusammenfassung dar. In die fünf Kapitel fließen eigene Beobachtungen und unveröffentlichte Protokolle ein, die ich während meiner Studienfahrt in Reggio Emilia machen konnte.

Pädagogik wird in Reggio Emilia als ein Prozess verstanden, in dessen Mittelpunkt die Interaktion und die Erfahrung von sozialem Austausch zwischen Kindern, Erzieherinnen und Eltern stehen. Das Erziehungskonzept der Reggio-Pädagogik legt damit besonderen Wert auf den sozialen Austausch zwischen Kindern, außerdem zwischen Kindern und Erwachsenen, aber auch zwischen Erwachsenen selbst (vgl. Reggio Children 1998c, 16).

Um zu einem tieferen Verständnis der einzelnen Systeme Kinder, Erzieherinnen und Eltern zu gelangen, werden sie in den nächsten Kapiteln themenbezogen analysiert und auf ihre Wirkungszusammenhänge hin untersucht.

---

[2] Der Begriff *Konzeptionen* wird hier für schriftliche Selbstdarstellungen reggianischer Kindertagesstätten benutzt, die an Eltern und Besucher in Reggio Emilia verkauft werden.

1. Die Kompetenzen

In diesem Kapitel werden die Kompetenzen von Kindern, Erzieherinnen und Eltern im Verständnis der Reggio-Pädagogik dargestellt. Einige für den Kontext bedeutsame Überlegungen werden einleitend vorangestellt. Die kommunalen Kindertagesstätten in Reggio Emilia heißen *Scuole dell'infanzia*, was mit *Schulen der Kindheit* zu übersetzen ist. Der Name *Schule der Kindheit* steht programmatisch für ein neues Verständnis von Kindheit. Zur *Schule der Kindheit* gehören in Reggio Emilia als *Hauptakteure* die Kinder, Erzieherinnen und Eltern. Aus dieser Tatsache leitet sich nicht allein ein Bild vom kompetenten Kind ab, sondern gleichzeitig ein Bild sowohl von kompetenten Erzieherinnen als auch von kompetenten Eltern. In einem ersten Schritt wird das Bild vom kompetenten Kind in der Reggio-Pädagogik dargestellt.

1.1 Das kompetente Kind

Die 1984 in Berlin gezeigte Ausstellung *Das Auge schläft, bis es der Geist mit einer Frage weckt*[3] brachte das Bild vom kompetenten Kind im doppelten Sinne erstmals von Reggio Emilia nach Deutschland. Zum einen drückten gemalte Kinderbilder die Botschaft von den Potenzialen der reggianischen Kinder aus. Zum anderen legten die Kinderwerke Zeugnis ab von einem in der pädagogischen Praxis realisierten *„reichen Bild vom Kind"* (Filippini zit. nach Dreier 1994, 111). Knauf hebt hervor, dass bei dieser Ausstellung, im Vergleich zu der in späteren Jahren neu konzipierten Ausstellung, der Schwerpunkt stark auf den Arbeiten der Kinder lag (vgl. Knauf/Krieg 1995, 57).

---

[3] Die Ausstellung war vom 21. 10. bis 2. 12. 1984 im Kunstamt Schöneberg, Haus am Kleistpark in Berlin zu sehen.

1.1.1 Das Kind als eifriger Forscher

Gleichzeitig war zum besseren Verständnis der ausgestellten Kunstwerke von Kindern ein Text von Loris Malaguzzi aus dem italienischen Ausstellungskatalog ins Deutsche übersetzt worden, der unter anderem Thesen zum neuen Bild vom Kind enthielt. Von diesen Thesen wird nun eine für den Kontext bedeutsame vorgestellt. Malaguzzi spricht dem Kind die Fähigkeit zu, ebenso wie ein Naturwissenschaftler ein eifriger Forscher zu sein (vgl. Malaguzzi 1984, 4). Indem das Kind mit dem Prädikat *eifriger Forscher* belegt wird, spricht Malaguzzi ihm eine besondere und in der bisherigen Pädagogik ungewöhnliche Kompetenz zu. Denn der Begriff des Forschers entstammt dem Bereich der Erwachsenenwelt und bezeichnet dort eine herausgehobene Art der Tätigkeit Erwachsener: Forschen als wissenschaftliche Tätigkeit. Der Begriff des Forschens, bislang nur als Bezeichnung für Erwachsenentätigkeiten benutzt, wird so in das Vokabular der Pädagogik übertragen. In dieser Übertragung drückt sich die radikale Neubewertung der Aktivitäten von Kindern aus.

Malaguzzi führt das Bild vom forschenden Kind in der zwölften These zum pädagogischen Konzept weiter aus. Er stellt fest: „Die Kunst des Forschens besitzen die Kinder bereits, sie sind sehr empfänglich für den Genuss, den das Erstaunen bereitet. Die Kinder finden schnell heraus, dass sie gerade in dieser Fähigkeit einen großen Teil ihrer Lebensfreude finden und die Befreiung von der Langeweile, die aufkommt, wenn man in einer unerforschten Welt lebt“ (ebd.). Besonders bedeutsam für das Menschenbild der Reggio-Pädagogik ist die in diesem Zitat genannte Vorstellung, dass Kinder die *Kunst des Forschens* bereits als Potenzial besitzen. Der Impuls, die Welt zu erforschen, entsteht nach Malaguzzi beim Kind aus dem Erstaunen heraus und aus der Freude, die beim Erforschen aufkommt. Die von ihm genannten Begriffe Freude und Erstaunen sind bedeutsam, um das Bild vom Kind als Forscher zu verstehen. Denn die Reggianer betrachten das kindliche Forschen, die Freude und das Erstaunen als eine Einheit. Wie diese und andere Faktoren in Reggio Emilia stimuliert und integriert werden, wird u. a. im Verlauf der weiteren Ausführungen dargestellt.

Worin besteht die *Kunst des Forschens*? Es besteht ein allgemeiner pädagogischer Konsens darüber, dass Kinder die Welt von Geburt an neugierig mit allen Sinnen wahrnehmen und dass sie Menschen sowie Dinge und deren Veränderung beobachten. Die Reggianer gehen davon aus, dass die Kinder darüber hinaus die Fähigkeit besitzen, ihre eigenen Theorien zu entwickeln (vgl. Senatsverwaltung für Jugend und Familie 1991, 119). Sie stellen sich alleine und gemeinsam mit anderen Kindern und Erwachsenen selbst- und fremdmotiviert Fragen und verwandeln sie in Hypothesen. Die Neugierde, die vielfältige Wahrnehmung der Welt und die Entwicklung von Fragen sind die Grundlagen für das kindliche Forschen.

Zur Stützung der oben gemachten Ausführungen möchte ich den italienischen Dichter und Schriftsteller Gianni Rodari heranziehen. Im März 1972 führte er in Reggio Emilia ein Seminar mit Erzieherinnen durch. Die Gespräche und Ideen dieses Seminars sind in Form eines Buches später veröffentlicht worden. An einer Stelle des Buches mit dem Titel *Grammatik der Phantasie* geht es um die Bedeutung des Spiels einjähriger Kinder mit Stuhl und Tisch. Hier begegnet uns die Neubewertung der kindlichen Tätigkeit in Form einer neuen Sprache für das kindliche Spiel wieder. Ähnlich der Denkweise Malaguzzis schreibt Rodari: „Tisch und Stuhl (...) sind für das Kind lange Zeit die Materialien vieldeutiger und mehrdimensionaler Erforschung, bei der sich Erkennen und Fabulierfreude, Erfahrung und Symbolwert die Hand reichen. Während das Kind lernt, die Oberfläche kennenzulernen, hört es nicht auf, mit den Gegenständen zu spielen und Hypothesen über sie aufzustellen. (...) Das Kind ist Wissenschaftler“ (Rodari 1992, 97). Rodari spricht also schon dem einjährigen Kind die Kompetenz zu, den Tisch zu erforschen und Hypothesen über ihn aufzustellen. Indem er das Kind als *Wissenschaftler* bezeichnet, bewertet er die Qualität des kindlichen Lernens völlig neu.

1.1.2 Die hundert Sprachen des Kindes

Nachdem in einem ersten Schritt das Bild vom Kind als forschendem Wesen dargelegt wurde, geht es im Folgenden darum, ein weiteres Potenzial des Kindes zu erläutern. Die eingangs erwähnte erste Ausstellung aus Reggio Emilia in Berlin weckte ein großes Interesse an der Reggio-Pädagogik in Deutschland. In Hamburg bildete sich 1986 die *Projektgruppe Reggio/Hamburg* mit dem Ziel, die Ausstellung auch in Hamburg zu zeigen. Dies wurde 1988 realisiert, und gleichzeitig fand eine Fachtagung mit Pädagoginnen aus Reggio Emilia statt. Sie trug einen für die deutsche Pädagogik innovativen Titel: *Die hundert Sprachen der Kinder*.[4] In diesem Titel drückt sich ein weiterer Aspekt des neuen Bildes vom Kind in der Reggio-Pädagogik aus.

Die Thematik der *hundert Sprachen der Kinder* soll nun eingehend betrachtet werden. Welche Vorstellung vom Kind drückt sich in diesen Worten aus? In Reggio Emilia geht man davon aus, dass das Kind über ein reiches Potenzial von Ausdrucksmitteln verfügt. Nur eines davon ist die verbale Sprache. Die Zahl hundert ist als Bild anzusehen für die unbegrenzten Ausdrucksmöglichkeiten der Kinder. In Reggio Emilia geben Kinder ihren Eindrücken von der Welt einen individuellen und kreativen Ausdruck, und zwar in einer besonderen Atmosphäre der Gewünschtheit und der Förderung (vgl.

---

[4] Die Fachtagung fand am 10. und 11. 3. 1988 in Hamburg im Rahmen der Ausstellung *Wenn das Auge über die Mauer springt* statt.

Dreier 1993, 9). Sie benutzen dazu ihre Hände, indem sie malen, modellieren und bauen, ihre Phantasie, indem sie Geschichten erfinden und immer wieder neu erzählen, ihre Gedanken, um die Welt zu ergründen, und ihre Gesten, um ihre Zuneigung zu zeigen. Die Reggio-Pädagogik zielt darauf ab, Kindern die Entwicklung ihrer metaphorisch verstandenen *hundert Sprachen* zu ermöglichen, was die folgende Stelle in einer Veröffentlichung des *Internationalen Zentrums für den Schutz und die Förderung der Rechte und Fähigkeiten aller Kinder: Reggio Children*[5] belegt. Darin heißt es: „Das Ziel dieser Praxis ist die Förderung der Kindererziehung durch die Entwicklung all ihrer Sprachen: expressiver, kommunikativer, symbolischer, kognitiver, ethischer, metaphorischer, logischer, imaginativer und beziehungsmäßiger“ (Reggio Children 2000, 7, Übersetzung d. Verf.).

In dem angeführten Zitat wird den Kindern eine Vielzahl von Sprachen zugesprochen. Was mit diesen Sprachen gemeint ist, wird im Folgenden beispielhaft skizziert. Als Erstes ist die expressive Sprache der Kinder genannt. Die expressive Sprache der Kinder kommt unter anderem in ihren Bildern und Werken zum Ausdruck. Diese Ausdrucksmöglichkeit wird in Reggio Emilia als eine von *hundert Sprachen* besonders gefördert, wofür beispielsweise die Ausstellung *Die hundert Sprachen der Kinder* ein Zeugnis ablegt. Die Bilder und Werke der Kinder sind darüber hinaus auch ein Ausdruck ihrer symbolischen Sprache. Ein Beispiel aus Reggio Emilia belegt dies sehr anschaulich. Die Ausstellung *Die hundert Sprachen der*

---

[5] *Reggio Children* ist eine 1994 in Reggio Emilia gegründete Gesellschaft mit beschränkter Haftung. Zu ihrem Aufgabengebiet gehören u. a. die Veröffentlichung und der Vertrieb von Büchern, in denen die theoretischen Grundlagen und die praktischen Erfahrungen der Kindertagesstätten und Krippen dokumentiert sind (vgl. Küppers 2007, 94ff.).

Kinder wurde 1997 in Düsseldorf gezeigt. Elena Giacopini, Fachberaterin in Reggio Emilia, hielt anlässlich der Ausstellung einen Vortrag über das Bildungskonzept der kommunalen Kindertagesstätten und Krippen. Sie berichtete von einem großen Pferd, das die Kinder aus Draht gebastelt hatten und das in Düsseldorf ausgestellt wurde. Diesem Pferd haben die Kinder zwei Herzen und damit ein Symbol gegeben. Die Kinder sagten: „Das Pferd braucht zwei Herzen. Eins zum Leben und eins zum Lieben“ (Giacopini 1997).

An dieser Stelle lässt sich auch eine rückbezügliche Verbindung zu dem oben behandelten Bild vom forschenden Kind herstellen. Die Kinder lernen unter anderem auch dadurch ihre expressive Sprache zu entwickeln, indem sie sich forschend mit der Welt auseinandersetzen. Sie stellen, wie bereits erwähnt, gemeinsam mit anderen Kindern Hypothesen auf. Sie erklären den anderen Kindern und Erwachsenen ihre Ideen und sammeln so wichtige Erfahrungen im Bereich ihrer kommunikativen Ausdrucksmöglichkeiten. Indem sie in Projekten ihre Hypothesen überprüfen, erweitern sie auch ihre kognitiven Fähigkeiten.

Vielfältige Möglichkeiten zu Interaktionen erleichtern in Reggio Emilia das Schließen von Freundschaften. Die *beziehungsmäßige Sprache* der Kinder entwickelt sich durch die Freundschaften zu Kindern und Erwachsenen. Was denken die Kinder in Reggio Emilia zum Thema Freundschaft? In einer Veröffentlichung von *Reggio Children* sind Aussagen von Kindern im Alter von fünf und sechs Jahren dokumentiert. Befragt zum Thema Freundschaft, sagten die Kinder: „Kinder haben das Recht, Freunde zu haben, sonst wachsen sie nicht“ (Reggio Children 1998b, 19). Diese Worte eines Kindes aus Reggio Emilia enthalten sowohl einen beziehungsmäßigen als auch einen imaginativ-magischen Aspekt. Die Freundschaft wird vom Kind als ebenso lebensnotwendig wie Essen und Trinken angesehen, so dass es davon überzeugt ist, ohne die Freundschaft nicht wachsen zu können.

Die Kinder in Reggio Emilia erzählen sich Geschichten und variieren diese in ihren Erzählungen immer wieder. Sie bilden durch die *Kunst, Geschichten zu erfinden* ihre Sprache der Imagination und ihre Sprache der Phantasie aus (vgl. Rodari 1992, 172ff.). Sie beschäftigen sich aber auch mit der realen Welt. Indem sie sich beispielsweise mit dem Thema Krieg und Frieden auseinandersetzen, entwickeln sie ethische Haltungen. Die Kinder sollen hier noch einmal selbst zu Wort kommen: „Gut und in Frieden zu leben ist ein Recht. Viele Leute zu töten ist kein Recht. Kinder haben das Recht, ruhig zu leben“ (Reggio Children 1998b, 45).

Das *reiche Bild vom Kind* drückt sich in der Metapher von seinen *hundert Sprachen* besonders deutlich aus. Die Zuschreibung von Potenzialen im Menschenbild der Reggio-Pädagogik ist die theoretische Grundlage für ihre pädagogische Praxis. In dieser Praxis werden die Ausdruckspotenziale der Kinder mit dem Ziel gefördert, die in den Kindern angelegten Möglichkeiten in ausgedrückte Wirklichkeiten überzuführen. Bisher wurde aufgezeigt, dass die Reggio-Pädagogik vom kompetenten Kind ausgeht, da Pädagoginnen erstens im Kind einen *eifrigen Forscher* sehen und ihm zweitens *hundert Sprachen* zusprechen. Ein dritter Sachverhalt, der aus der Sicht der Reggio-Pädagogik die Kompetenz des Kindes betont, ist mit der Zuschreibung eines weiteren Potenzials gegeben.

1.1.3 Das Kind als Konstrukteur seines Wissens

Das Kind wird in der Reggio-Pädagogik auch als *aktiver Konstrukteur seines eigenen Wissens* angesehen (vgl. Reggio Children 1998c, 6). In dieser Annahme sind unterschiedliche Aspekte vereint. Zum einen wird das Kind als aktives Wesen betrachtet, das durch sich selbst lernt. Zum anderen ist das Kind als *Konstrukteur* selbst der Hauptakteur beim Erwerb seines Wissens. Das Adjektiv *aktiv* grenzt kindliches Lernen in Reggio Emilia von einem Lernverständnis ab, bei dem in erster Linie der Erwachsene dem Kind sein Wissen vermittelt. In Reggio Emilia lernen Kinder also aktiv durch sich selbst, und dieses Lernen wird als genuiner Prozess des Kindes verstanden, den es zu unterstützen gilt. Knauf und Rinke führen dazu aus: „Die Reggio-Pädagogik lässt Raum für einen selbstbestimmten Lern- und Erfahrungsprozess des Kindes (...). An diesem Prozess sind alle beteiligt – die Kinder, die Erzieher/innen und die Eltern“ (Rinke/ Knauf 1996, 10). Die Art und Weise der Unterstützung der Kinder durch die Erzieherinnen und die Eltern wird ausführlich in den nächsten Kapiteln thematisiert.

Dem Kind wird eine große Wertschätzung als *Konstrukteur seines eigenen Wissens* entgegengebracht, nicht weil es Wissen an sich, sondern weil es sein eigenes, unverkennbar individuelles Wissen konstruiert. Denn das Wissen des Kindes ist keinesfalls nur die Kopie vom Wissen der Erwachsenen, sondern es entwickelt sich mit seinen Interessen und seinen Fragen an die Welt. Carla Rinaldi, die *Pädagogische Direktorin* der kommunalen Kindertagesstätten von Reggio Emilia, machte grundlegende Ausführungen zum Thema Selbst-Lern-Prozesse: „Diese Prozesse bereichern und verfestigen sich durch die Auseinandersetzung mit Gleichaltrigen. Die Kinder zeigen Wissen, Geschicklichkeit, Sensibilität, Werte, Weisheiten, die wahrscheinlich über das hinausgehen, was die Pädagogen – trotz ihrer Aufmerksamkeit – glauben, ihnen vermittelt zu haben. Ein Schmelztiegel des Wissens, der Leidenschaften, der Neugierde, der Bedeutungen und der Sinne des Lebens, der durch ihr Zusammenleben mit uns und manchmal auch ohne uns wirkungsvoller ist als selbst die beste Schule“ (Reggio Children 1998d, 68). In diesem Zitat kommt die Wertschätzung des Kindes und seiner Fähigkeiten noch einmal besonders deutlich zum Ausdruck. Rinaldi zeichnet ein *reiches Bild vom Kind,* indem sie es als sensibel, weise, wissend, neugierig, leidenschaftlich und geschickt bezeichnet. Das Kind erfährt auch dadurch eine Aufwertung, dass es als fähig bezeichnet wird, die Lernprozesse der gleichaltrigen Kinder so zu bereichern, wie es selbst den Erwachsenen nicht möglich wäre. Die Gemeinschaft der Kinder, verstanden als Schmelztiegel von Wissen und Leidenschaft, stellt demnach für die Entwicklung des Kindes einen ungemein wirkungsvollen Faktor dar. Das Kind in Reggio Emilia lernt also vor allem interaktiv durch sich selbst und in der Gemeinschaft mit den anderen Kindern. Es stellt dabei aktiv eine Beziehung zu den Kindern, den Erwachsenen, den Dingen und der Welt her. Zusammenfassend ist über das neue Bild vom Kind in der Reggio-Pädagogik Folgendes festzuhalten: Das Kind wird als kompetentes Wesen angesehen, da es die *Kunst des Forschens* und die *hundert Sprachen* besitzt und weil es *Konstrukteur seines eigenen Wissens* ist.

1.1.4 Das Wesen der Potenziale der Kinder

Im folgenden Kapitel geht es darum, Aussagen von Pädagoginnen aus Reggio Emilia in Bezug auf die Entstehung und Entwicklung der kindlichen Potenziale zu untersuchen.

Carla Rinaldi sprach 1990 in Hamburg als Referentin der Arbeitsgruppe *Krippe – eine Bildungseinrichtung?* über das Bild vom Kind in der Reggio-Pädagogik. Sie betonte die Wichtigkeit des bereits 1984 von Malaguzzi in der zwölften These angesprochenen Gedankens von den im Kind vorhandenen Kompetenzen. Malaguzzi hatte, wie bereits erwähnt, festgestellt, dass das Kind die *Kunst des Forschens* besitzt. Rinaldi erläutert: „Wir merken, dass wir mit dem Kind ein Wesen vor uns haben, das reich und vielfältig ist. Wir müssen es als ein Subjekt betrachten, von der Geburt an, und zwar als ein kompetentes Subjekt" (Rinaldi 1990, 101). Deutlicher als bei Malaguzzi tritt in der Formulierung Rinaldis die Kompetenz als angeborene Gabe hervor. Das Kind ist demnach von der Geburt an ein kompetentes Subjekt.

Verfügt das Kind aber auch von der Geburt an potenziell über die *hundert Sprachen*? Dazu heißt es in einer Veröffentlichung von *Reggio Children*: „Aus diesem Grund behaupten wir, dass Kinder mit allen Sprachen des Lebens geboren sind. Diese Sprachen sind von Natur aus interaktiv und ausgestattet mit erforschenden und wahrnehmenden Werkzeugen, um Informationen und Sinneswahrnehmungen zu organisieren und um Austausch und Reziprozität zu suchen" (Reggio Children 2000, 13, Übersetzung d. Verf.). Kinder werden demnach mit *allen Sprachen des Lebens* geboren. *Alle Sprachen des Lebens* sind also bei der Geburt als potenzielle Fähigkeiten im Kind angelegt. Die Sprachen sind interaktiv, und damit ist das Kind auf die Interaktion mit Erwachsenen und Kindern angewiesen. Das Bild der mit Werkzeugen ausgestatteten Sprachen lässt den Vergleich des Kindes mit einem Handwerker zu. So wie dieser nicht allein durch das Vorhandensein seiner Werkzeuge in der Lage ist, ein Meister zu werden, bedarf die kindliche Entwicklung der *hundert Sprachen* mehr als des reinen Besitzes des Potenzials. Allerdings ist das Vorhandensein der forschenden und wahrnehmenden Werkzeuge die Grundlage für das Kind, die Welt mit allen Sinnen zu erleben. Die wahrnehmenden Werkzeuge helfen dem Kind, seine Sinneseindrücke zu ordnen und zu verarbeiten. Die erforschenden Werkzeuge, wie Erstaunen und Neugierde, sind für das Kind die Voraussetzung, um ein *eifriger Forscher* und damit auch *ein Konstrukteur seines eigenen Wissens* werden zu können.

Die theoretischen Annahmen, die in der Reggio-Pädagogik über die Entstehung und die Entwicklung der Potenziale existieren, werden im Folgenden noch eingehender betrachtet. Die Pädagoginnen in Reggio Emilia beziehen ihre Erkenntnisse über die kindliche Entwicklung nicht allein aus der Praxis der Kindertagesstätten mit dreibis sechsjährigen Kindern. Vielmehr haben sie seit der Eröffnung der ersten kommunalen Krippe in Reggio Emilia 1971 auch Erfahrungen mit der Erziehung von Kindern im Alter von drei Monaten an gesammelt. Diese umfangreichen Erfahrungen sind in das Bild vom Kind und damit auch in die theoretischen Annahmen zur Entstehung und Entwicklung der Potenziale mit eingeflossen.[6] Damit sind diese Erfahrungen von großer Bedeutung für die inhaltliche Füllung des Themas der Entstehung und Entwicklung von Potenzialen. Deshalb werden diese Erfahrungen in einem nächsten Schritt eingehender untersucht. Hinter dem Titel *Die Kinder vom Stummfilm. Fantasiespiele zwischen Fischen und Kindern in der Krippe*, einer Veröffentlichung von *Reggio Children*, lässt sich auf den ersten Blick kein Werk mit theoretischem Hintergrund zu Entstehung und Entwicklung kindlicher Potenziale vermuten, und doch ist dies der Fall (vgl. Reggio Children 1998a). Fotos von ein- bis zweijährigen Mädchen und Jungen aus der Krippe *Rodari* sprechen dort wortlos zu dem Betrachter und erzählen vom Staunen, von der Neugierde und den Interaktionen der Kinder.

Die Fotogeschichte zeigt am Anfang Kinder im Alter zwischen ein und zwei Jahren, die immer wieder gemeinsam ein Bilderbuch mit Fischen betrachten. In der nächsten Szene machen sich zwei Kinder mit einer Erzieherin auf den Weg, um eine Zoohandlung zu besuchen. Das Foto zeigt die Kinder von hinten. Ihre Schritte sind noch so ungeübt, dass sie die Hand der Erzieherin zum Gehen benötigen. In der Zoohandlung werden zwei Goldfische in je einen kleinen Plastikbeutel mit Wasser und danach vertrauensvoll in die Hände der Kinder gegeben. Überaus vorsichtig tragen die Kinder die Goldfische in die Krippe. Dort wird die Ankunft der echten Fische mit Freude

[6] Vgl. die Aussagen Rinaldis über die neuen Erkenntnisse zu den Potenzialen der Kinder zwischen null und drei Jahren (vgl. Rinaldi 1990, 101).

und Erstaunen von den anderen Kindern begrüßt. Die nächsten Fotos zeigen die Kommunikation der Kinder mit den Goldfischen. Im zweiten Teil der Fotogeschichte geht es um die Reaktion der Kinder auf einen künstlichen Fisch. Durch einen großen Plastikfisch, der in eine überdimensionale Muschel gelegt wurde, entsteht bei den Kindern große Verwirrung. Gemeinsam bewältigen die Kinder die Angst, der große Plastikfisch könne ihre Goldfische auffressen.

Die Geschichte illustriert das neue Bild vom Kind. Sie zeigt, wie ein- bis zweijährige Kinder in *allen Sprachen* miteinander kommunizieren und Beziehungen untereinander, zu den Erwachsenen und eben auch zu Fischen herstellen. Malaguzzi hat einen einführenden Text zu dem Buch geschrieben, der die Sicht der Erwachsenen über die Entstehung der Sprachen weiter erhellt. Er schreibt: „Wenngleich Psychologen und Linguisten nach wie vor über die Entstehung der kindlichen Sprache streiten, (...) halten wir an unserer Überzeugung fest, dass Kinder sprechend zur Welt kommen“ (Malaguzzi 1998b, 9). In dem oben genannten Buch fragen die Kinder mit ihren Augen, und ihre Gesichter sprechen von ihrem Erstaunen. Mit ihren Gesten erzählen sie von empfundener Zuneigung, von Begeisterung und Glück. Das Kind unterhält sich zunächst mit den Stimmen seiner Augen, seiner Hände, seines ganzen Körpers mit seinem Gegenüber. Das Kind spricht von Anfang an in *hundert Sprachen* zur Welt.

Es wurde gezeigt, dass die Reggio-Pädagogik bei der Entstehung der Potenziale von angeborenen Anlagen ausgeht, deren Entwicklung von der Umwelt abhängt. Die zuerst noch wortlosen Sprachen müssen vom erwachsenen Gegenüber verstanden werden, damit die Entwicklung der *hundert Sprachen* überhaupt erst ermöglicht wird. Die Entwicklung des Kindes steht so in einem Wirkungszusammenhang, der über die Gemeinschaft der Kinder hinaus in die Gemeinschaft mit den Erzieherinnen und den Eltern hineingreift. Dieser Zusammenhang wird in einem Zitat Malaguzzis besonders deutlich:

„Die Fähigkeit, sich zu sozialisieren und zu erinnern, zu kommunizieren, Rückschlüsse zu ziehen oder abzuwandeln, aufzunehmen und zu verstehen, ist den Kindern genetisch gegeben. Über den Umgang mit Menschen, Dingen, Ideen entwickeln sie sich weiter" (Malaguzzi 1998a, 13).

1.2 Die kompetente Erzieherin

Nachdem im letzten Kapitel das Bild vom kompetenten Kind betrachtet wurde, geht es nunmehr darum, das Augenmerk auf einen weiteren Hauptakteur der *Schule der Kindheit* zu lenken: die Erzieherin[7]. In einer Veröffentlichung aus dem Jahre 1998 weist Knauf darauf hin, dass die Erzieherin eine *Ressource* für das Kind darstellt, wenn sie bestimmte, die Entwicklung des Kindes fördernde Qualitäten mitbringt. Er benennt folgende zehn Faktoren, die eine Erzieherin erst zur *Ressource* für das Kind werden lassen: Zuneigung, Vertrauen, Wohlbefinden, Freiheit, Partner, Impulse, Zeit, Raum, Aktivität und Ausdruck (vgl. Knauf 1998, 14ff.).

Das kompetente Kind braucht für die Entwicklung seiner Potenziale die kompetente Erzieherin, die es dabei unterstützt, ein *eifriger Forscher* zu sein und sich in *hundert Sprachen* auszudrücken. Elena Giacopini, Fachberaterin in Reggio Emilia, hat 1997 bei einem Vortrag mit dem Thema *Das Recht auf Selbstverwirklichung* die Aufgabe der Erzieherin bei der Persönlichkeitsentwicklung des Kindes mit folgenden Worten zusammengefasst: „Es ist unsere Aufgabe, das Kind (...) zur Hauptperson seiner persönlichen Entwicklung

---

[7] In diesem Kapitel steht *Erzieherin* im Singular und meint abstrakt alle Erzieherinnen und die anderen Mitarbeiterinnen, die zusammen das pädagogische Personal in Reggio Emilia ausmachen. Bei konkreten Situationsbeschreibungen wird jedoch zwischen Singular und Plural unterschieden.

werden zu lassen, zu einem Kind, das kreativ sein und selbständig zu Wissen und Erkenntnissen gelangen kann, (...) das folglich aktiv an seiner Persönlichkeitsentwicklung teilhat“ (vgl. Giacopini 1998, 19f.). Dieses Zitat verdeutlicht die Wechselwirkung zwischen den im Kind vorhandenen Potenzialen und der daraus resultierenden Aufgabe für die Erzieherin. Das Kind kann nicht allein aus sich selbst heraus *Konstrukteur seines eigenen Wissens* werden. Es erhält von der kompetenten Erzieherin innerhalb der kommunalen Kindertagesstätte in Reggio Emilia dazu die Möglichkeit. Worin bestehen nun die Aufgaben der Erzieherin in Reggio Emilia und über welche Kompetenzen verfügt sie?

1.2.1 Die Erzieherin als Wegbegleiterin der Kinder

Im folgenden Kapitel wird die Haltung der Erzieherin in Reggio Emilia betrachtet, die sie zur kompetenten Begleiterin des Kindes auf seinem Entwicklungsweg macht. Der Terminus *Wegbegleiterin* wird in der Reggio-Pädagogik bewusst gewählt, um die Rolle der Erzieherin in Reggio Emilia von der traditionellen Rolle der Erzieherin als Führerin der kindlichen Entwicklung abzugrenzen (vgl. Reggio Children 1998a, b, c, d, 0). Im Verständnis der Reggio-Pädagogik bahnt sich das kompetente Kind den eigenen Weg, es führt sich sozusagen selbst auf dem Weg seiner Entwicklung. Dabei braucht es jedoch eine Wegbegleiterin, die es in seinen *Selbst-Lern-Prozessen* bestärkt. Das Bild vom *kompetenten Kind* bringt ein neues Bild der *kompetenten Erzieherin* mit sich, und beide Bilder prägen als wesentliche Faktoren (neben noch zu beschreibenden) das Bewusstsein und die Praxis der Reggio-Pädagogik.

Die Erzieherin in Reggio Emilia sieht in dieser Hinsicht ihre Aufgabe also darin, die Kinder auf vielfältige Weise beim Lernen zu ermutigen, zu bestärken und zu unterstützen. Es existieren verschiedene

Arten der wegbegleitenden Unterstützung, die nun nacheinander vorgestellt werden. Die erste Art der Unterstützung ist die Bestärkung der Lernfreude. Im letzten Kapitel wurde ausführlich gezeigt, dass Kinder in Reggio Emilia *eifrige Forscher* sind. Sie schöpfen aus dieser Fähigkeit einen großen Teil ihrer Lebensfreude. Die Erzieherin in Reggio Emilia sieht ihre Aufgabe darin, die Kinder in diesem Gefühl zu bestärken. Mara Davoli, Atelierleiterin in Reggio Emilia, führte diesen Gedanken 1990 bei der Fachtagung in Hamburg wie folgt aus: „Das Vergnügen, das Lernen, Wissen und Verstehen bereiten, ist eines der wichtigsten und grundlegendsten Gefühle, die ein Kind erwartet (...). In diesem entscheidenden Gefühl muss man die Kinder bestärken, damit das Gefühl auch dann noch anhält, wenn sich herausstellt, dass Lernen, Wissen und Verstehen bisweilen schwierig und mühsam sind" (Davoli 1990, 86). Die Freude der Kinder beim Erforschen der Welt wird demnach auch und gerade dann von der Erzieherin gestärkt, wenn die Kinder dabei auf Schwierigkeiten stoßen. Die kindliche Lernfreude zu beflügeln ist somit in Reggio Emilia eine wichtige Aufgabe für die Erzieherin.

Die zweite wegbegleitende Art der Unterstützung sind die *Wissens- und Kompetenzleihgaben* der Erzieherin, die dem forschenden Kind angeboten werden. Wie bereits mehrfach erwähnt, erforscht das Kind in Reggio Emilia selbsttätig die Welt. Es entwickelt sein Wissen gemeinsam mit Kindern und Erwachsenen. Dabei stößt das Kind auf komplexe Fragestellungen, deren Beantwortung letztendlich nicht durch die Erzieherin erfolgt. Das Kind benötigt jedoch die Hilfe der Erzieherin, wenn es sich schwierigen Fragen zuwendet. In der Reggio-Pädagogik geht man davon aus, dass sich das Kind vorzugsweise komplexe Fragestellungen aussucht. Es wünscht sich nicht einfach deren Beantwortung durch die Erzieherin, sondern es wünscht sich Hilfe an solchen Stellen, an denen es allein nicht weiterkommt. Die Erzieherin, die sich als Wegbegleiterin versteht, lässt das Kind nicht auf Irrwegen verzweifeln, wenn sie beispielsweise beobachtet, dass es mit der Erforschung eines Phänomens nicht weiterkommt. In der veröffentlichten Darstellung des *Projektes zur Konstruktion eines Vergnügungsparks für Vögel* von Reggio Children heißt es dazu: „Was die Erzieher/Innen angeht – sie haben schließlich die Aufgabe, (...) genau bemessene und passende Wissens- und Kompetenzleihgaben vorzuschlagen, die Übereinstimmungen und Unstimmigkeiten der Kinder und die Ergebnisse ihrer Arbeit von Zeit zu Zeit zusammenzufassen; die auftretenden Inhalte hervorzuheben; die Beteiligung aller Kinder und Erwachsener durch immer engere und produktivere, auf Wechselwirkung zielende Leitung zu fördern" (Reggio Children 1998c, 20). Die *Wissens- und Kompetenzleihgaben* der wegbegleitenden Erzieherin sollen genau bemessen sein, damit sie auf die Situation der Kinder als Impuls zum weiteren selbsttätigen Forschen wirken. Indem die Erzieherin beispielsweise eine Unstimmigkeit hervorhebt, erhält das Kind einen neuen Impuls zum Forschen. Ein Beispiel aus der Praxis der Reggio-Pädagogik kann diese Aussagen verdeutlichen. Marina Castagnetti, Erzieherin in der Kindertagesstätte *Diana*, berichtete den Teilnehmern der *Studienfahrt der Bundesrepublik Deutschland* 1997 in Reggio Emilia von dem Projekt *Schuh und Meter* (vgl. Castagnetti 1997): Die Kinder wünschten sich einen weiteren Tisch für den Gruppenraum. Den Tisch sollten Schreiner in den gleichen Ausmaßen bauen, wie sie schon die vorhandenen vier Tische besaßen. Die Kinder suchten daraufhin nach einer Maßeinheit, mit der sie den Tisch vermessen konnten, um die Länge und die Breite anschließend den Schreinern mitzuteilen. Nachdem sie bereits mit Fingern, Händen und Füßen vergebens nach einem geeigneten Maß gesucht hatten, kamen sie auf die Idee, ihre Schuhe zum Messen zu verwenden. Sie maßen den Tisch mit einem Kinderschuh aus und malten den Schuh entsprechend oft hintereinander auf ein großes Blatt Papier. Die Kinder waren sich sicher, mit dem Schuh ein angemessenes Maß gefunden zu haben. Der Tisch musste also soundso viel Schuhe lang und breit sein. An dieser Stelle hat die Erzieherin die Kinder gebeten, auch einmal mit ihrem Erwachsenenschuh zu messen (vgl. Reggio Children 2002a, 30). Aus dieser Projektbeschreibung ist nun Folgendes abzuleiten: Die überraschten Kinder erkannten auf diese Weise erstens den Unterschied der Schuhgröße von Kindern und Erwachsenen, zweitens die unterschiedlichen Längenergebnisse in Abhängigkeit von der verwendeten Maßeinheit. Über ihre fast schon geniale Erfindung eines noch dazu übertragbaren Maßes hinaus bekamen die Kinder eine Idee von der begrenzten Brauchbarkeit ihrer Erfindung, also eine Vorstellung von dem, was im Wissenschaftsbereich Relativität genannt wird. Diese beispielhaft aufgeführte Wissensleihgabe der Erzieherin hat den Kindern einen neuen Impuls zur Suche nach einem absoluten Maß gegeben. Sie hat den Forschungsprozess der Kinder weder durch die Mitteilung einer gängigen Maßeinheit abgebrochen, noch hat sie die Kinder auf einem begrenzten Weg belassen. Sie hat die Kinder auf die Begrenztheit ihrer Vorgehensweise vorsichtig aufmerksam gemacht und ihnen damit von ihrem Wissen und ihrer Kompetenz eine Leihgabe gegeben.

Die Erzieherin in Reggio Emilia befindet sich also gemeinsam mit dem forschenden Kind auf einem Weg des Fragens, Forschens und Lernens, der nicht von vornherein festgelegt ist, wie das oben genannte Beispiel zeigt. Die Erzieherin drückt durch die angemessen dosierten Wissens- und Kompetenzleihgaben dem Kind gegenüber ihre Überzeugung aus, dass es bei seinen Selbst-Lern-Prozessen nur zeitweise auf das Wissen der Erwachsenen angewiesen ist, um danach allein weiterzuforschen. Die wegbegleitende Erzieherin drückt mit ihrem Verhalten gleichzeitig Vertrauen in die kindlichen Potenziale und deren Wertschätzung aus. Sie respektiert den Wunsch des Kindes, sich gemeinsam mit anderen Kindern komplexen Fragestellungen zuzuwenden, und ist bereit, sowohl den Rhythmus der Kinder zu respektieren als auch ihre Unterstützung und ihre Hilfe anzubieten.

1.2.2 Die Erzieherin als Forscherin

Die Erzieherin versteht sich aber auch selbst als lernende und forschende Person. Sie begibt sich als solche in eine besondere Art der Beziehung zum Kind, die Rinaldi als *Verhältnis gemeinsamen Suchens und Nachforschens* bezeichnet hat (vgl. Rinaldi 1990, 101). In einem Verhältnis dieser Art sind noch nicht alle Fragen der Welt eindeutig und abschließend beantwortet, wie das Beispiel von der Suche nach einer Maßeinheit zeigen konnte. Es lässt Raum für neue Interpretationen der Welt und ihrer Phänomene durch Kinder und Erwachsene. Tassilo Knauf beschreibt die Rolle der Erzieherin in der Reggio-Pädagogik in seiner Veröffentlichung *Wir erziehen Kinder nicht, wir assistieren ihnen*. Er schreibt dazu: „Die in einer reggianischen Kindereinrichtung tätige Erzieherin versteht (...) Erziehung als einen von Erwachsenen *und* Kindern gestalteten und verantworteten Interaktionsprozess, in dem sie und die Kinder gleichermaßen zum Staunen, Nachdenken, Fragenstellen und Experimentieren herausgefordert werden“ (Knauf 1998, 16). Der Begriff *kompetente Erzieherin* darf also nicht in der Weise missverstanden werden, als gehe die Reggio-Pädagogik vom Bild einer fertig ausgebildeten, schon alles wissenden Erzieherin aus. Neben den mitgebrachten und erlernten Kompetenzen, verstanden als wirkliches Können und Wissen, zeigt die Erzieherin in Reggio Emilia auch ständige Lernbereitschaft,[8] die auf ein zukünftiges Können und Wissen verweist. Damit geht ein Nicht-Festgelegt-Sein auf bestimmte Antworten und eine Offenheit für Neuinterpretationen einher, die für Wahrnehmung, Verständnis und Toleranz der Welt des Kindes von größter Bedeutung sind. Zusammenfassend kann an dieser Stelle festgehalten werden, dass unter anderem erst die Erzieherin als forschende Wegbegleiterin dem kompetenten Kind die Entwicklung seiner in ihm angelegten Potenziale ermöglicht.

---

[8] Vgl. die Aussagen Dreiers zum Fortbildungskonzept in der Reggio-Pädagogik (vgl. Dreier 1997a, 204ff).

1.2.3 Die Erzieherin als Zeugin der kindlichen Entwicklung

Nachdem im letzten Kapitel die Erzieherin als *forschende Wegbegleiterin* des Kindes betrachtet wurde, untersucht der nächste Kapitel einen weiteren Aspekt der Rolle der Erzieherin in der Reggio-Pädagogik. Die Erzieherin in Reggio Emilia versteht sich nicht nur als Begleiterin, sondern auch als *Zeugin* der kindlichen Entwicklung (vgl. Dreier 1994, 124). Dieses Rollenverständnis steht in unmittelbarem Bezug zum Bild vom kompetenten Kind. Das Kind wird in der Reggio-Pädagogik als ein mit Potenzialen reich ausgestattetes Wesen angesehen, das sich in *hundert Sprachen* auszudrücken vermag. Die Erzieherin in Reggio Emilia sieht ihre Aufgabe auch darin, *Zeugin* dieser kindlichen Fähigkeiten zu sein. Dementsprechend besteht ihre Aufgabe darin, die Entwicklung der Kinder zu beobachten, zu dokumentieren und gemeinsam mit den anderen Erzieherinnen zu interpretieren. Beobachtung, Dokumentation und Interpretation sind wesentliche Voraussetzungen, die zum Verständnis und zur Entschlüsselung der *hundert Sprachen* führen. Im Bild der Erzieherin als *Zeugin* drückt sich also – wie schon in dem der forschenden Begleiterin – eine besondere Art der Haltung dem Kind gegenüber aus. Diese Haltung ist von dem Vertrauen geprägt, dass ein Kind sein Wissen forschend selbst entwickelt. Es bedarf aber einer erwachsenen *Zeugin* dafür, die Selbst-Lern-Prozesse des Kindes wahrnehmen zu können. Diese Wahrnehmung vollzieht sich in Reggio Emilia durch das intensive Beobachten der Kinder. Dabei umfasst der Begriff Beobachtung sowohl das Zuschauen als auch das Zuhören. Die Beobachtung wird von der Erzieherin auf vielfältige Weise festgehalten. Um das Bild von der Rolle der Erzieherin zu erweitern, werden nun die Aufgaben Beobachtung – verstanden als Zuhören und Zuschauen – und Dokumentation ausführlicher dargestellt.

1.2.3.1 Die Erzieherin als zuhörende Zeugin

Die Erzieherin in Reggio Emilia sieht sich selbst auch als *Zeugin* der *hundert Sprachen* der Kinder. Um die *hundert Sprachen* der Kinder überhaupt wahrnehmen zu können, hat die Erzieherin u. a. eine neue Art des Zuhörens und eine neue Art der Dokumentation des Gehörten entwickelt. Einige Überlegungen zu Worten und Geschichten der Kinder werden nun vorangestellt, um danach die Rolle der Erzieherin als zuhörender *Zeugin* zu skizzieren.

An dieser Stelle möchte ich noch einmal den Schriftsteller Gianni Rodari heranziehen, der maßgeblich die Thematik des kindlichen Fabulierens – die sogenannte *Kunst, Geschichten zu erfinden* – in die theoretische Diskussion der Kindertagesstätten von Reggio Emilia eingebracht hat (vgl. Göhlich 1995, 63). Er hatte während des bereits erwähnten Seminars mit Erzieherinnen 1972 in Reggio Emilia bei einem Vortrag darauf hingewiesen, dass den Gesprächen des spielenden Kindes niemals ausreichend Beachtung geschenkt wurde. Die Vorträge des Seminars wurden später in dem Buch *Grammatik der Phantasie* veröffentlicht. An einer Stelle des Buches weist Rodari darauf hin, dass der *Monolog* des spielenden Kindes noch nicht erforscht ist. Er schreibt: „Ich glaube, dass eine derartige Untersuchung vieles über die Beziehung zwischen Kind und Spielzeug aussagen würde, was wir noch nicht wissen und was für eine ‚Grammatik der Phantasie' höchst relevant wäre. Ich bin sicher, dass Hunderte von Erfindungen infolge unserer mangelnden Aufmerksamkeit unwiederbringlich verloren gehen" (Rodari 1992, 105). Rodari bedauert die mangelnde Aufmerksamkeit der Erwachsenen für die Gespräche des spielenden Kindes. Dieser Mangel an Beachtung hat seiner Meinung nach den unwiederbringlichen Verlust Hunderter kindlicher Erfindungen zur Folge. Diese Ausführungen weisen sehr deutlich auf die Notwendigkeit des intensiven Zuhörens von Seiten der Erzieherin hin. Das Geschichten erzählende

Kind erfindet unermüdlich etwas Neues durch Betätigung der Vorstellungskräfte Imagination und Phantasie. Diese Erfindungen sind der Erzieherin nur dann zugänglich, wenn sie die Kunst des Zuhörens beherrscht. Rodaris Ausführungen verdeutlichen, dass die grundlegende Beachtung und Wertschätzung kindlicher Worte und Geschichten ein Schlüssel für den Zugang zu den phantasievollen Erfindungen der Kinder sein kann.

Der Erzieherin in Reggio Emilia geht es aber nicht nur um das reine Hören der kindlichen Gespräche. Sie will nicht allein aus persönlichem Interesse *Zeugin* der kindlichen Entwicklung sein. Vielmehr ist es eines ihrer Ziele, durch das dokumentarische Festhalten ihrer Wahrnehmungen in einen Dialog mit anderen Erzieherinnen, Eltern und auch mit den Kindern einzutreten. Deshalb ist das dokumentarische Festhalten ihrer Wahrnehmungen für sie von großer Bedeutung. Um das Gehörte festzuhalten, benutzt die Erzieherin ein Aufnahmegerät als Hilfsmittel, mit dem sie die Gespräche der Kinder aufzeichnet. Diese Aufnahmen werden anschließend von ihr transkribiert. So ist eine neue Art des Zuhörens entstanden, die sich nicht auf die direkte Situation beschränkt. Durch die Dokumentationen der Erzieherin können die Worte und die Geschichten der Kinder, z. B. auch bei den Eltern oder sogar im Ausland, Gehör finden. Die Ideen der Kinder gehen in Reggio Emilia dank der zuhörenden Erzieherin nicht verloren; vielmehr werden sie wahrgenommen, festgehalten und interpretiert.

1.2.3.2 Die Erzieherin als sehende Zeugin

Die Ausdrucksweisen der Kinder sind, wie bereits festgestellt, nicht allein auf die verbale Sprache beschränkt. Den *hundert Sprachen* der Kinder entsprechend hat die Erzieherin in Reggio Emilia nicht allein eine neue Art des Zuhörens entwickelt, sondern auch eine neue Form des Zusehens. Sie beobachtet die Kinder bei ihren Interaktionen mit *hundert Sinnen*.[9] Sie hält mit Hilfe von Fotos und Videoaufnahmen auch die ideenreichen Spielprozesse der Kinder fest. Die Erzieherin macht sich zudem Aufzeichnungen über die Mimik und die Gestik der Kinder. Sie ist als *Zeugin* der kindlichen Entwicklung auf eine alle Sinne umfassende Beobachtung angewiesen. Sie benutzt darum die oben genannten Hilfsmittel überwiegend parallel. So konnte ich als Teilnehmerin der schon erwähnten *Studienfahrt der Bundesrepublik Deutschland* nach Reggio Emilia das Zusammentreffen unterschiedlicher Beobachtungsarten erleben, wie das folgende Beispiel verdeutlicht. Während einer Hospitation in der reggianischen Kindertagesstätte *Diana* fotografierte die Erzieherin die Kinder beim Modellieren mit Ton, während die Gespräche derselben Kinder mit einem kleinen Aufnahmegerät, das sich zwischen dem Ton auf dem Tisch befand, aufgenommen wurden. So werden die Ideen der Kinder, die sich in ihren Werken aus Ton und in ihren Worten ausdrücken, festgehalten. Die Fotos ermöglichen ein Dokumentieren von Mimik und Gestik der Kinder, und damit wird ein Weg zur Interpretation ihrer Gefühle gebahnt.

Zusammenfassend kann festgestellt werden, dass eine wesentliche Aufgabe der Erzieherin in Reggio Emilia in der Beobachtung des Kindes und in deren Dokumentation besteht (vgl. Dreier 1997b, 12 ff.). Auf sprachlicher Ebene umfasst das deutsche Wort *Beobachtung* u. a. zwei Bedeutungsbereiche, die sich beide in der Reggio-Pädagogik berücksichtigt finden: die *Achtung* des Kindes als Persönlichkeit und das *Beachten* seiner *hundert Sprachen*. Die Beobachtung des Kindes geschieht in zuhörender und zuschauender Weise. Die Erzieherin beobachtet die Interaktionen der Kinder und hört gleichzeitig ihren Gesprächen aufmerksam zu. Indem sie die

---

[9] Der Begriff *hundert Sinne* wird hier in Analogie zum reggianischen Begriff der *hundert Sprachen* benutzt.

Ideen der Kinder dokumentiert, wird sie zur *Zeugin* der kindlichen Kompetenz. Das folgende Zitat Rinaldis, in dem es um die Freundschaft zweier Kinder geht, die von Erzieherinnen der Kindertagesstätte *La Villetta* dokumentiert wurde, belegt diese Ausführungen: „In diesem Fall hatten die ErzieherInnen des Kindergartens ‚La Villetta' das Verdienst, einen Kontext des Zuhörens geschaffen und dargestellt zu haben. Einen Zusammenhang, (...) in dem die Kinder Teilhaber werden, um auch mit den Erwachsenen Gefühle, Bedeutungen und tiefe Werte zu teilen. Zur gleichen Zeit benötigen die Kinder die Erwachsenen (und nicht nur Lehrer), die fähig sind, Gesten, Wörter, Zeichen, Schweigen und Geheimnisse zu sehen, zu hören und zu interpretieren" (Reggio Children 1998d, 68f.). Es konnte gezeigt werden, dass ein kompetentes Kind für seine Entwicklung eine kompetente Erzieherin braucht, die es als *Zeugin* und Wegbegleiterin bei seinen Selbst-Lern-Prozessen unterstützt, die in der Lage ist, die Ideen der Kinder wahrzunehmen, und die bei der Umsetzung in die Wirklichkeit den Kindern unterstützend und ermutigend zur Seite steht.

1.2.4 Zusammenfassung

Eine zusammenfassende Beschreibung der Kompetenz der Erzieherin erfolgt nun gemäß den von Malaguzzi umrissenen drei Grundvoraussetzungen der Erwachsenen im Erziehungsprozess, die in einer Veröffentlichung von *Reggio Children* abgedruckt sind.[10] Mala-

---

[10] Malaguzzi bezieht die drei Grundvoraussetzungen auf die Gruppe der Erwachsenen, weil im Verständnis der Reggianer zum Erziehungsprozess neben dem Kind und der Erzieherin auch die Eltern gehören. Da es in diesem Kapitel um die Erzieherin geht, werden die Eltern vorerst nicht in die Überlegungen einbezogen. Die Betrachtung des Systems der Eltern ist dem nächsten Abschnitt vorbehalten.

guzzi schreibt, dass die Erzieherin drei Grundvoraussetzungen erfüllen müsse: „Erstens, die Erwachsenen sollten sich bewußt sein, dass Kinder mit der Fähigkeit und Absicht, aktiv zu denken und zu handeln, geboren werden. (...) Zweitens, die Erwachsenen sollten in der Lage sein, die Kinder diese ihre Überzeugung spüren zu lassen. Drittens, ihr Verhalten sollte diesen Erkenntnissen entsprechen“ (Malaguzzi 1998a, 13). Diese drei Grundvoraussetzungen bestehen nach Malaguzzi im Bewusstsein der Erzieherin vom kompetenten Kind, in der Fähigkeit, dem Kind gegenüber dieses Bewusstsein zum Ausdruck zu bringen und im Erziehungsprozess danach zu handeln. Das Bild vom kompetenten Kind wird der Erzieherin u. a. dadurch bewusst, dass sie mit Hilfe von Beobachtung, Dokumentation und Interpretation Zeugin der kindlichen Entwicklung ist. Sie lässt das Kind ihre Überzeugung spüren, indem sie es in seinen Selbst-Lern-Prozesse mit Vertrauen, Wertschätzung und Ermutigung bestärkt. Das Verhalten der Erzieherin entspricht ihren Erkenntnissen, wenn sie das Kind als forschende und lernende Wegbegleiterin auf seinem Entwicklungsweg unterstützt. Es konnte gezeigt werden, dass die kompetente Erzieherin eine wertvolle Ressource für das Kind ist, wenn ihr Verhalten den Erkenntnissen vom neuen Bild des Kindes entspricht. Sie ermöglicht dem Kind als Wegbegleiterin das eifrige Forschen und unterstützt die Entwicklung seiner *hundert Sprachen*. Sie vervielfacht die im Kind angelegte Kraft, indem sie ihre Pädagogik auf die Bedürfnisse des Kindes, z. B. nach Zuneigung, Freiheit, Aktivität und Ausdruck, abstimmt. Das Kind ist zwar selbst reich mit Potenzialen ausgestattet; diese können sich aber nur dann entfalten, wenn ihm wegbegleitend eine kompetente Erzieherin zur Seite steht.

Das kompetente Kind und die kompetente Erzieherin bilden aber erst zwei Systeme des Sozialaggregats in der Reggio-Pädagogik. Die Betrachtung des dritten Systems, desjenigen der Eltern, erfolgt im nächsten Abschnitt.

1.3 Die kompetenten Eltern

In diesem Kapitel wird das Augenmerk auf die Eltern gerichtet, die das dritte System des für die Reggio-Pädagogik konstitutiven Sozialaggregats bilden. Zuvor werden einige für den Kontext der Betrachtungen wichtige Überlegungen zum Erziehungsbegriff in der Reggio-Pädagogik vorangestellt. Wie bereits an anderer Stelle erwähnt, wird Erziehung in den kommunalen Kindertagesstätten als *gemeinschaftliche* Aufgabe verstanden, in die das Kind, die Erzieherin und die Eltern gleichermaßen einbezogen werden (vgl. Giacopini 1998, 19). Worauf bezieht sich der Terminus *gemeinschaftlich*? Mit diesem Terminus werden zwei Ebenen angesprochen. Es handelt sich zum einen um die institutionelle Ebene der Erziehung in der Kindertagesstätte und zum anderen um die Verbindung der institutionellen mit der familiären Erziehung. Die Erziehung des Kindes in der Kindertagesstätte vollzieht sich in Reggio Emilia in einer Gemeinschaft, deren unersetzlicher Teil die Eltern sind. Rinaldi spricht in diesem Zusammenhang von den drei *Hauptdarstellern* des Erziehungsprozesses. Sie schreibt: „Unsere Arbeit gilt allen drei Hauptdarstellern des Erziehungsprozesses: dem Kind, den Erziehern und den Familien" (Rinaldi zitiert nach Dreier 1994, 154).

Die Erziehung des Kindes vollzieht sich aber auch gleichzeitig in der Familie. Erziehung in der Familie und Erziehung in der Kindertagesstätte werden in der Reggio-Pädagogik nicht als nebeneinander herlaufende Prozesse verstanden, sondern als ein gemeinschaftlicher Prozess. Dieser wird durch ein starkes Beziehungsnetz zwischen Kind, Erzieherin und Eltern und durch die Kompetenz der drei Systeme unterstützt (vgl. Reggio Children 1998a, b, c, d, 0). Im Kontext dieses Buches wird es nun darum gehen, den Inhalt des Kompetenzbegriffs des dritten Systems zu untersuchen.

1.3.1 Die elterliche Kompetenz

In der Reggio-Pädagogik werden Kompetenzen der Eltern erwartet, erfragt, unterstützt und in die pädagogische Arbeit einbezogen. Worin bestehen nun nach Ansicht der Reggianer die Kompetenzen der Eltern? Die Eltern werden in der Reggio-Pädagogik als *Fachleute in Bezug auf ihr Kind angesehen* (vgl. Dreier 1994, 155f.). *Dieses kindspezifische Fachwissen* wird von der reggianischen Erzieherin wertschätzend in Elterngesprächen aufgegriffen und produktiv in den pädagogischen Alltag der Kindertagesstätte eingebracht. Die Eltern verfügen über ein großes Wissen in bezug auf ihr Kind, das von der traditionellen Pädagogik nicht oder nur selten genutzt wird. Die Reggio-Pädagogik spricht den Eltern, gerade weil sie über dieses Wissen verfügen, Kompetenz zu.

Einige Beispiele können das, was mit dem Wissen der Eltern gemeint ist, skizzieren. Das Wissen der Eltern bezieht sich auf die Beziehungen des Kindes, die es bereits vor dem Eintritt in die Krippe oder die Kindertagesstätte zu seiner Familie – gedacht sei beispielsweise an Geschwister oder Großeltern – aufgebaut hat. Ihr Wissen bezieht sich darüber hinaus auf die Lebensgeschichte des Kindes. Die Eltern wissen um die für das Kind bedeutsamen Ereignisse in seiner Entwicklung. Sie kennen das Kind hinsichtlich seiner kulturellen Beziehungen – gedacht sei hier z. B. an Familien, die nach Italien eingewandert sind. Die Eltern kennen die Gewohnheiten und die besonderen Bedürfnisse des Kindes. Eltern behinderter Kinder sind darüber hinaus Fachleute in Bezug auf die Schädigung und den Umgang mit der Beeinträchtigung des Kindes.[11] Diese Beispiele machen deutlich, dass die Eltern ein umfangreiches Wissen über das Kind in Beziehung zu seiner Geschichte, seiner Familie und

---

[11] In den kommunalen Krippen und Kindertagesstätten von Reggio Emilia werden behinderte und nicht behinderte Kinder gemeinsam erzogen (vgl. Jobst 2007).

seiner Kultur haben. Durch dieses Wissen allein werden sie aber noch nicht zu kompetenten *Hauptdarstellern* im Erziehungsprozess. Erst durch die Bedeutung, die diesem Wissen in der Reggio-Pädagogik gegeben wird, erhalten die Eltern die Möglichkeit, ihre Kompetenz in die gemeinschaftliche Erziehungsaufgabe einzubringen. Ein Beispiel aus der Eingewöhnungszeit der neu in die Krippe kommenden Kinder soll diese Überlegungen vertiefen.

Während meines einwöchigen Aufenthaltes in Reggio Emilia – im Rahmen der bereits erwähnten Studienfahrt im November 1997 – hatte ich Gelegenheit, die Krippe *Allende* kennenzulernen. Ich konnte mir einen Eindruck davon verschaffen, wie die Eltern ihre Kompetenz in Bezug auf ihr Kind in die Krippe eingebracht haben: An der Wand eines Gruppenraumes waren übereinander gehängte Klarsichtfolien angebracht. Für jedes Kind gab es eine mit seinem Foto versehene Folie. Jede Folie enthielt Aufzeichnungen der Eltern, z. B. zu den Gewohnheiten und Einschlafritualen ihres Kindes. Die Antwort auf die Frage der Erzieherin, was dem jeweiligen Kind das Einschlafen erleichtert, hatten die Eltern, eigenständig und aufgrund ihres Wissens über das Kind, schriftlich für die Erzieherin festgehalten. So konnte ich u. a. lesen, dass sich ein Kind vor dem Einschlafen gerne übers Haar streichen lässt und ein anderes sein Tuch zum Einschlafen braucht. Das Schöpfen aus dem Wissen der Eltern ermöglicht es der Erzieherin, die familiären Rituale in der Kindertagesstätte aufzugreifen und damit individuell auf jedes Kind einzugehen. Ein Zitat Rinaldis kann diese Ausführungen vertiefen. Sie schreibt: „Jedes Kind hat eine Beziehung zu anderen Kindern, zu seinen Erziehern und zu seinen Eltern. Dieses Kind ist nicht anonym, sondern es hat seine eigene Geschichte, spezifische Bedürfnisse, Wünsche, Hoffnungen. (...) Die ErzieherInnen in Reggio bemühen sich darum, zu erkennen, was das Kind braucht“ (Rinaldi 1990, 103). Da Erziehung als *gemeinschaftliche* Aufgabe verstanden wird, sind die Eltern in diesen Erkenntnisprozess aktiv mit eingebunden, wie ein weiteres Beispiel aus Reggio Emilia veranschaulicht. In der Krippe *Allende* befand sich in einem Nebenraum eine ungewöhnliche Puppenecke. Während eine Puppenecke normalerweise ein Abbild einer Küche oder eines Wohnzimmers im Stil der vorherrschenden Kultur ist, wurde in dieser Puppenecke die Kultur einer Minderheit lebendig: Eine Wand des Raumes wurde von einer großen, mit arabischen Fotos gestalteten Collage geschmückt. Diese zeigten auf dem Boden sitzende und Pfeife rauchende Männer sowie Frauen in langen Gewändern. Auf dem Fußboden lag ein orientalisch anmutender Teppich, und darauf befand sich eine Sitzgelegenheit aus vielen bunten Kissen und ein messingfarbenes Tablett mit arabischen Tee-Utensilien. Diese Gegenstände – so erläuterte eine Erzieherin – stammten aus dem Elternhaus eines der islamischen Kinder und bildeten eine Brücke zwischen der Kultur der Eltern und der Kultur in der Krippe.

Ein weiteres Beispiel illustriert, wie die Kultur der Familien durch die Eltern in die Krippe *Allende* Einzug hält. In einem Raum, in dem die Kinder gemeinsam essen, standen auf einem Schrank riesige leere Weinflaschen. Diese Flaschen waren bis vor kurzem von den Eltern eines Kindes, die von Beruf Weinbauern sind, für den Weinverkauf benutzt worden. Indem Alltagsgegenstände aus den Familien in die Krippe – oder in die Kindertagesstätte – aufgenommen werden, wird ein Bezug zum kulturellen Leben des Kindes in seiner Familie hergestellt und auf diese Weise eine Atmosphäre des Wohlbefindens in der Institution für das Kind erzeugt.

Diese Beispiele skizzieren, wie in der Reggio-Pädagogik die elterliche Kompetenz – verstanden als Wissen der Eltern um die vielfältigen Beziehungen des Kindes zu seiner Familie, seiner Lebensgeschichte und seiner Kultur – in die Erziehung des Kindes einbezogen wird. Neben der Kompetenz hinsichtlich ihrer Kinder, im Folgenden als elterliche Kompetenz bezeichnet, verfügen die Eltern aber auch über Kompetenzen, die sich auf andere Lebensbereiche als das reine Eltern-Sein beziehen.

1.3.2 Die persönliche Kompetenz

In Reggio Emilia wird auch die persönliche Kompetenz der Eltern – gedacht sei unter anderem an Ideen, Interessen oder berufliches Können – mit in den Erziehungsprozess einbezogen. Die Eltern bringen sich auch mit ihrer persönlichen Wissenskompetenz aktiv in Projekte ein. Das Projekt *Das Unsichtbare sehen* kann als ein exemplarisches Beispiel für die Einbringung der persönlichen Kompetenz der Eltern in Projekte dienen. In diesem Projekt wünschten sich die Kinder ein Aquarium, das sie in ihrer Phantasie bereits zu einem Lebensraum für Wale, Seehunde und Krokodile gemacht hatten (Sturloni 2002, 188). Ein Aquarium, das daraufhin durch die Erzieherin angeschafft und mit Fröschen und Kröten belebt wurde, begeisterte die Kinder aber genauso wie ihr bislang nur phantasiertes Aquarium. Eine Gruppe von Kindern kam einige Zeit später auf die Idee, für die Frösche einen echten Teich im Garten der Kindertagesstätte anzulegen. An dieser Stelle brachten Eltern ihre persönliche Kompetenz in das Projekt ein, indem sie durch ihre Mitarbeit die Anlage eines großen Teiches ermöglichten. In einer Veröffentlichung von Reggio Children heißt es dazu: „Begeistert über die immer neuen Entdeckungen und angetrieben von dem Wunsch, den Fischen einen neuen Lebensraum zu geben, plante die Gruppe von fünfjährigen Kindern, einen Teich anzulegen. Sie baten ihre Eltern um Unterstützung“ (ebd.). Dieses Projekt kann als Beispiel für die Wechselwirkung zwischen den verschiedenen Kompetenzen des Kindes, der Erzieherin und der Eltern dienen. Das kompetente Kind möchte das Leben der Fische und der Reptilien erforschen. Die kompetente Erzieherin, die es auf seinem Weg begleitet, unterstützt den Wunsch des Kindes durch die Anschaffung eines Aquariums. Die kompetenten Eltern bringen ihr persönliches Wissen ein und verhelfen dem Kind dadurch zu einem neuen Forschungsgebiet: dem realen Teich.

Ein Zitat aus Rinaldis veröffentlichtem Vortrag *Krippe – eine Bildungseinrichtung?* bestärkt die oben gemachten Ausführungen und lässt sich auf die Kindertagesstätte übertragen. Sie schreibt: „Die Krippe ist ein Ort, an dem alle Beteiligten ihr Wissen einbringen: Erzieherinnen, die Eltern, die Kinder. (...) Die Erzieherinnen setzen sich mit dem Wissen der Eltern und der Berater auseinander und umgekehrt, ebenso wie mit dem Wissen der Kinder“ (Rinaldi 1990, 104).

Die bisherigen Ausführungen konnten zeigen, dass die Reggio-Pädagogik auf die Kompetenzen ihrer drei *Hauptdarsteller:* Kind, Erzieherin und Eltern vertraut und sie in einem als *gemeinschaftliche Aufgabe* verstandenen Erziehungsprozess erbittet und nutzt. Dabei wird die elterliche Kompetenz – verstanden als Wissen über das eigene Kind – neu bewertet im Sinne bedeutsamen *Fachwissens* und in den pädagogischen Alltag der kommunalen Krippen und Kindertagesstätten von Reggio Emilia produktiv eingebunden. Die persönliche Kompetenz der Eltern bereichert die Projekte, wie das Beispiel vom Anlegen eines großen Teiches in einer Kindertagesstätte illustrieren konnte. Dabei geht es jedoch nicht vordergründig um das Ergebnis – in diesem Fall um den Teich –, sondern um den *gemeinschaftlichen* Prozess von Kindern, Erzieherinnen und Eltern, der durch das Projekt entstand. Er macht somit das Wesentliche des Projektes aus. In diesem *gemeinschaftlichen* Prozess beeinflussen sich die Kompetenzen der drei Systeme Kinder, Erzieherinnen und Eltern wechselseitig.

1.4 Die drei Kompetenzen und ihre Wirkungszusammenhänge

Im Folgenden wird auf einige Aspekte der Wirkungszusammenhänge der drei Systeme hinsichtlich ihrer Kompetenzen eingegangen. Es konnte gezeigt werden, dass jedes der Systeme mit speziellen Kompetenzen verbunden ist. Aber erst indem die unterschiedlichen Kompetenzen in der Reggio-Pädagogik gezielt zusammengeführt werden, entstehen Wirkungszusammenhänge, die eine Verstärkung der einzelnen Kompetenzen bewirken. Das folgende Zitat aus den *Historischen Anmerkungen und generellen Informationen* zur Reggio-Pädagogik veranschaulicht den Aspekt der Wechselwirkung zwischen kompetentem Kind und kompetenter Erzieherin: „Kinder sehnen sich danach, die Ausmaße und Beziehungen komplexer Situationen zu entdecken, sie suchen sogar das Vergnügen, diese Ausmaße zu überschreiten (...). Es gibt eine innere Kraft, die Kinder weitertreibt, aber diese Kraft ist sehr vervielfacht, *wenn sie davon überzeugt sind, dass* Fakten und Ideen Ressourcen sind, so wie ihre Freunde und *die Erwachsenen in ihrem Leben wertvolle Ressourcen sind.* Kinder erwarten – schon von Beginn ihres Lebensabenteuers an –, besonders diesen Punkt betreffend, die Hilfe und das Vertrauen der Erwachsenen (Herv. v. d. Verf.)“ (Reggio Children 2000, 15, Übersetzung d. Verf.). In diesem Zitat wird auf drei *Ressourcen* des Kindes hingewiesen, die seine innere Kraft vervielfachen. Der Begriff *innere Kraft* kann als eine andere Formulierung für die bereits ausführlich im letzten Kapitel vorgestellten Potenziale interpretiert werden. Als erste *Ressource* werden Fakten und Ideen genannt, die Kinder zum eifrigen Forschen ermuntern, wie das Projekt von *Schuh und Maß* veranschaulichte. Als zweite *Ressource* gelten in diesem Zitat die Freundschaften, die innerhalb der Gemeinschaft der Kinder entstehen. Die Freunde der Kinder sind als Interaktionspartner für die Entwicklung des Kindes von entscheidender Bedeutung. Hier sei noch einmal auf die Aussagen von Kindern aus Reggio Emilia zum Thema Freundschaft hingewiesen, von denen eine im letzten Kapitel zitiert wurde (vgl. Reggio Children 1998b, 19f.). Als dritte *Ressource* werden in der Reggio-Pädagogik die Erwachsenen angesehen. Die Erzieherin ist insofern eine wertvolle *Ressource*, als das Kind auf dem Weg seiner Entwicklung auf eine kompetente Begleiterin angewiesen ist. Dabei ist die Haltung der Erzieherin in Reggio Emilia von unterstützender Hilfe, von Respektierung des Kindes und Wertschätzung der kindlichen Potenziale sowie von freiheitlichem Zulassen selbst gewählter Zeiten für seine Interessen und Entwicklungsschritte bestimmt. Die *innere Kraft* des Kindes wird so durch die *Ressource* Erwachsene – in diesem Fall die Erzieherin – vervielfacht.

Im Folgenden wird der Wirkungszusammenhang thematisiert, der durch die Interaktionen von Kindern einerseits und selbst interagierenden Erzieherinnen und Eltern andererseits entsteht. Die Interaktionen der Kinder werden von denen der Erzieherinnen untereinander und der Eltern untereinander, aber auch von den Interaktionen zwischen Erzieherinnen und Eltern beeinflusst, wie es die verschiedenen Arten der Zusammenarbeit beweisen. Es ist bereits beschrieben worden, wie Kinder in Reggio Emilia gemeinsam mit großem Eifer die Welt erforschen. Ihre gemeinsamen Lernprozesse lassen einen *Schmelztiegel des Wissens, der Leidenschaften, der Neugierde und der Bedeutungen*[12] entstehen. Dieser *Schmelztiegel* entsteht aber nicht allein aus der Kompetenz der Kinder heraus. Die Reggio-Pädagogik geht davon aus, dass die Kinder zur Entwicklung ihrer Potenziale die kompetente Zusammenarbeit von Erzieherinnen und Eltern benötigen. Das bereits erwähnte Projekt *Das Unsichtbare sehen* ist ein anschauliches Zeugnis dafür, wie durch die Zusammenarbeit von Erzieherin und Eltern die Forschungsmöglichkei-

[12] Vgl. den Abschnitt 1.1.3.

ten der Kinder von einem Aquarium auf einen Teich erweitert werden konnten. In diesem Zusammenhang hat Spaggiari bei einer Fachtagung über die Bedeutung der Zusammenarbeit von Erzieherinnen und Eltern folgende Überlegungen angestellt: „Wenn jemand fragen würde: Kann man Kindergarten ohne Kinder machen?, würden alle ganz schnell antworten: Nein! (...) Wenn man sie alle fragen würde: Könnte man es ohne Eltern machen?, so würden wohl die meisten mit ja antworten. Wir stattdessen sagen nein, (...). Wir sind also der Meinung, dass dieses Zentrum Kindergarten nur gemacht werden kann mit den Eltern und mit den Kindern“ (Spaggiari 1990, 75). Erziehung in den kommunalen Kindertagesstätten von Reggio Emilia ist demnach auf kompetente Eltern angewiesen. Nur so kann der Anspruch, die Entwicklung der im Kind angelegten Potenziale zu unterstützen, von Erzieherinnen und Eltern verwirklicht werden.

Im Vorwort des Buches *Die Kinder vom Stummfilm* weist Malaguzzi darauf hin, dass Kinder die *Kunst, aufeinander zuzugehen*, zwar von Natur aus besitzen, sie entwickeln diese Fähigkeit aber u. a. mit Hilfe von Vorbildern. Er führt dazu aus: „Sie benutzen und interpretieren die Modelle der Erwachsenen, der Erzieher: Sie beobachten, wie sie zusammen leben, arbeiten, reden, nachdenken, suchen und forschen. (...) Die Zusammenarbeit von Erziehern und Familien ist daher ein weiteres wichtiges Element, sie bestärkt und ermutigt die Kinder in ihrem gemeinsamen Tun“ (Malaguzzi 1998a, 16). Diese Aussage macht deutlich, dass die Kinder in ihren Kompetenzen – hier der Fähigkeit, ihr Wissen gemeinsam mit anderen Kindern selbst zu konstruieren – durch die Kompetenzen der Erwachsenen bestärkt werden. Es besteht also ein positiver Wirkungszusammenhang zwischen der Kompetenz von Erzieherinnen und Eltern sowie der von Kindern.

Die Wirkung ist aber nicht nur einseitig von Erzieherinnen/Eltern auf das Kind, sondern es lässt sich auch ein Wirkungszusammenhang vom Kind in Richtung auf die Erwachsenen feststellen. Die Gemeinschaft der Kinder ist auch ein Modell für die Zusammenarbeit von Erzieherinnen und Eltern. Wie bereits erwähnt, lässt das gemeinsame Forschen einer Kindergruppe in Reggio Emilia einen *Schmelztiegel der Leidenschaften* entstehen. In dieser Metapher kommt die Gefühlsintensität der Kinder bei ihrem gemeinsamen Forschen zum Ausdruck. In Reggio Emilia lassen sich die Erwachsenen von dieser *Leidenschaft* der Kinder für die Gemeinschaft anregen. Es lässt sich also auch ein Wirkungszusammenhang vom Kind hin zu den Erwachsenen feststellen. Eine Aussage Malaguzzis verdeutlicht den Aspekt des wechselseitigen Voneinander-Lernens. Er betont, dass analog der gerne zusammenarbeitenden Kinder „auch die Erwachsenen ihre Lust daran entdecken, gemeinsam in der Zusammenarbeit zu reflektieren, Projekte zu entwickeln, zu diskutieren und zu forschen" (Malaguzzi 1997, 199). Die Zusammenarbeit zwischen Erzieherinnen und Eltern zeichnet sich in Reggio Emilia also durch eine bestimmte Qualität aus: durch Freude. Beide Gruppen arbeiten nicht nur zusammen, sondern sie arbeiten *gerne* zusammen. Die in Reggio Emilia im Jahre 1990 für den Bildungsbereich zuständige Stadträtin, Eletta Bertani, weitet diesen Zusammenhang auf die ganze Stadt aus. Sie schreibt über Reggio Emilia: „(...) eine Stadt, die sich gerne zusammentut. Wir versuchen, immer alles zusammen zu machen" (Bertani 1990, 28).

Dass dies nicht nur ein theoretischer Anspruch der Reggio-Pädagogik ist, sondern auch ein in der Praxis realisierter, konnte ich in Reggio Emilia während meiner Studienfahrt persönlich erleben. Für den ersten Tag nach der Ankunft – es war ein Sonntag – stand eine Stadtführung auf dem Programm. Die Stadt wurde uns nicht etwa von Mitarbeiterinnen der Kindertagesstätten, sondern von einigen Eltern gezeigt. Die Erzieherinnen hatten die Stadtführung zwar gemeinsam mit den Eltern geplant. Die Besichtigung lag aber allein in den Händen der Eltern, die hierbei von ihren Kindern begleitet wurden. Sie schenkten den ihnen völlig unbekannten Teilnehmern der Studienfahrt ihre sonntägliche Freizeit und erzählten stolz aus der Geschichte der Stadt Reggio Emilia. Die Eltern hatten selbst sichtlich Freude an diesem mehrstündigen Spaziergang, den sie für die Teilnehmer zu einem vergnüglichen Erlebnis werden ließen. Den Eltern die Stadtführung als Aufgabe zu übertragen, kann als ein Beweis des Vertrauens der Erzieherinnen in die Kompetenz der Eltern angesehen werden. Die Eltern sind dadurch aktiv an dem Besuch einer ausländischen Gruppe von Pädagoginnen beteiligt gewesen. Dieses Beispiel zeigt, dass die Eltern ihre Kompetenz in die Praxis der Kindertagesstätten einbringen und bei der Zusammenarbeit – in diesem Fall bei der Beteiligung an dem Besuch einer ausländischen Studiengruppe – selbst immer wieder Freude empfinden. Zusammenfassend zeigt das Beispiel der sich wechselseitig positiv verstärkenden Kompetenzen von Kindern, Erzieherinnen und Eltern, dass es Wirkungszusammenhänge zwischen den drei Systemen gibt, die als bewusst gestiftete für die Reggio-Pädagogik wesentlich sind.

2. Die Rechte

2.1 Die Rechte der Kinder

Die Reggio-Pädagogik sieht im Kind ein kompetentes Wesen, da es – wie bereits dargestellt – über vielfältige Potenziale verfügt, z. B. über die Fähigkeit, *Konstrukteur seines eigenen Wissens* zu sein.[13] Aufgrund dieser Potenziale werden den Kindern Rechte zugesprochen, die in der *Erklärung der drei Rechte* im Jahre 1993 von Malaguzzi schriftlich fixiert wurden. Darin heißt es: „Ausgangspunkt ist, dass Kinder (...) über natürliche Gaben und Potentiale von ungeheurer Vielfalt und Vitalität verfügen. Werden diese natürlichen Voraussetzungen der Kinder nicht erkannt, nicht geachtet und nicht genutzt, dann werden Leiden der Kinder und eine oft nicht mehr rückgängig zu machende Verarmung ihrer Entwicklung provoziert. Von daher kommt das Recht der Kinder, ihre individuellen Fähigkeiten zu verwirklichen und zu erweitern (...)“ (Reggio Children 1998a, 63). Die Reggio-Pädagogik achtet demnach die Potenziale der Kinder, und diese Achtung drückt sich in den *Rechten der Kinder* aus, die nun erläutert werden. Die Behandlung dieser Thematik kann dank der Veröffentlichung *Ein Ausflug in die Rechte von Kindern* um die Sicht der Kinder erweitert werden (vgl. Reggio Children 1998b). Die Frage lautet nun: Welche Rechte werden Kindern in der Reggio-Pädagogik zugesprochen, und sehen sie sich selbst auch als Träger dieser Rechte?

Das erste Recht besteht in der aktiven Beteiligung der Kinder an ihrer eigenen Entwicklung. Kinder in Reggio Emilia haben somit das Recht, an der Entwicklung ihrer Identität, ihrer Autonomie und ihrer Kompetenz aktiv beteiligt zu sein (vgl. a. a. O., 63). Da Kinder in

---

[13] Vgl. den Abschnitt 1.1.3

Reggio Emilia durch Interaktionen und Erfahrungen lernen, schließt dieses Recht sowohl die aktive Gestaltung der Beziehungen des Kindes zu anderen Kindern als auch die des Kindes zu Erwachsenen mit ein. Dieses zunächst einmal theoretisch festgelegte Recht der Kinder auf Beteiligung an ihrer Entwicklung und zu einer Gestaltung ihrer Beziehungen findet sich in eigenen Aussagen der Kinder der Kindertagesstätte *Diana* wieder. Kinder zwischen fünf und sechs Jahren haben ihre Vorstellungen über ihre eigenen Rechte geäußert, und diese Sicht der Kinder wurde von den Erzieherinnen wörtlich dokumentiert und anschließend als Buch veröffentlicht. Das Buch *Ein Ausflug in die Rechte von Kindern* veranschaulicht, wie weit die Reggio-Pädagogik in Bezug auf die Forderung hinsichtlich einer bezeugenden und dokumentierenden Erzieherin in der Praxis geht und wie ernst es ihr mit dem Punkt *Wertschätzung der kindlichen Bedürfnisse und Äußerungen* ist. Die betreffende Veröffentlichung beweist darüber hinaus, dass die Kinder sich selbst als Träger von Rechten sehen. Die Tatsache, dass die Kinder ein Bewusstsein von dem Recht besitzen, ihre individuellen Fähigkeiten zu verwirklichen, findet sich in den folgenden Äußerungen wieder. Eines der Kinder sagt: „Kinder müssen wissen. Es ist besser, Sachen zu wissen, als dass die Sachen passieren, die man nicht versteht, zum Beispiel der Krieg und der Tod“ (a. a. O., 22). In den Worten dieses Kindes drückt sich seine Einschätzung darüber aus, dass es ein Recht auf Wissen hat, und dieses Recht auf Wissen schließt seiner Meinung nach auch Themen wie Krieg und Tod ein, die von Kindern normalerweise ferngehalten werden. In der Reggio-Pädagogik haben die Kinder das Recht, *die eigenen Lernbedürfnisse zu befriedigen,* und dieses Recht schließt alle für die Kinder bedeutsamen Themen mit ein (vgl. a. a. O., 63). So haben die Kinder in Reggio Emilia auch den Golfkrieg in Worten und Zeichnungen thematisiert (vgl. a. a. O., 22f.). Ein anderes Kind äußerte Folgendes: „Denken ist richtig. (...) Kinder haben das Recht, ihre Gedanken zu denken, weil sie darüber nachdenken müssen, was sie machen wollen“ (a. a. O., 48).

Ein weiteres Recht der Kinder wird in der *Erklärung der drei Rechte* genannt. Kinder haben danach das Recht, *kreative Problemlösungsstrategien* zu entwickeln (vgl. a. a. O., 63). Damit wird den Kindern die Möglichkeit gegeben, bei der Erforschung der Welt eigene Wege zu beschreiten, die von den Erwachsenen nicht als Ab- oder Umwege abgewertet, sondern zugelassen werden. Hier sei noch einmal an das Projekt *Schuh und Meter* erinnert, bei dem die Kinder den Schuh als Maß gewählt hatten. Als sie bemerkten, dass Schuhe unterschiedlich groß sind, kamen sie auf die Idee, einem Kind den Schuh abzukaufen und diesen zukünftig als Maß zu benutzen (vgl. Krieg 1993, 32ff.).

Diese *kreativen Lösungsstrategien* werden von Seiten der Erwachsenen nicht als falsch bewertet. In den Worten eines Kindes der Kindertagesstätte *Diana* heißt es dazu: „Man lernt viel durch Fehler: Wenn man beim Zeichnen einen Fehler macht und eine andere Form zeichnet, die nützlich sein kann, ist das kein Fehler. Man hat etwas erfunden, an das man vorher nicht gedacht hat" (Reggio Children 1998b, 53). Dieses Kind hat erkannt, dass ein Fehler kein Fehler im eigentlichen Sinne von falsch und unnütz ist, sondern dass er eine notwendige Durchgangsstation hin zu etwas Neuem, noch nicht Gedachtem sein kann. Dieses Beispiel vom Bewusstsein der Produktivität von Fehlern zeigt, dass schon Kinder von ihrem Recht auf kreative Lösungsstrategien wissen können. Sie haben keine Angst davor, Fehler zu machen. Ein Kind hat es so ausgedrückt: „Sich irren ist gut, weil man danach weiß, dass man diese Sache nicht macht, und dann versteht man sie" (ebd.).

Einerseits wird den Kindern in der Reggio-Pädagogik auf theoretischer Ebene das Recht zugesprochen, ihr Wissen über sich und die Welt selbsttätig zu entwickeln, und andererseits nehmen die Kinder in der Praxis dieses Recht auch wahr. Das Buch *Ein Ausflug in die Rechte von Kindern* zeigt, dass die Kinder darüber hinaus sogar ein

Bewusstsein von diesem Recht besitzen. Im Vorwort der genannten Veröffentlichung heißt es: „Was uns am meisten beeindruckt hat, ist der Sinn für Gerechtigkeit, Gleichheit, soziale Reife, für Urteil, Verantwortlichkeit und Solidarität, der sich in den Gedanken und Konzepten der Kinder unserer Zeit bemerkbar macht wie eine aufgehende Saat“ (a. a. O., 10). Die Metapher von der aufgehenden Saat verdeutlicht diesen Aspekt der Wechselwirkung zwischen Kindern und Erzieherinnen: Erst dadurch, dass die Erzieherinnen in Reggio Emilia den Kindern eine breite Palette von Rechten einräumen und ihnen ein Forum der Artikulation geben, ist die Grundlage geschaffen, auf der die Kinder diese Rechte auch wahrnehmen können.

2.2 Die Rechte der Erzieherinnen

Nachdem die Rechte der Kinder in der Reggio-Pädagogik erläutert wurden, geht es im Folgenden um die Darstellung der Rechte der Erzieherinnen. Die Erzieherinnen in Reggio Emilia haben ebenso wie die Kinder ein Recht auf aktive Beteiligung am *gemeinschaftlichen Erziehungsprozess*. Ihr Recht auf Beteiligung umfasst sämtliche Arbeitsbereiche der Kindertagesstätte, z. B.: Ziele, Inhalte, Methoden und Organisation der pädagogischen Arbeit (vgl. a. a. O., 64). Bevor nun das Recht der Erzieherinnen auf Beteiligung an der Ausarbeitung und der Differenzierung pädagogischer Ziele beschrieben wird, sind einige grundsätzliche Überlegungen voranzustellen.

Die Rechte der Erzieherinnen stehen nicht isoliert für sich, sondern in einer Wechselwirkung mit den Rechten der Kinder und auch denen der Eltern. In der *Erklärung der drei Rechte* heißt es dazu: „Erzieherinnen (...) haben das Recht, sich an der Ausarbeitung und Differenzierung des konzeptionellen Rahmens für pädagogische Ziele, Inhalte und Handlungspraktiken zu beteiligen. Dies schließt die offene Auseinandersetzung mit den Mitgliedern der pädagogischen Leitung und der Mitwirkungsgremien ein. Das Prinzip des Einklangs mit den Rechten der Kinder und Eltern ist dabei jedoch zu beachten" (ebd.). Die Rechte der Erzieherinnen dürfen also nicht die Rechte der Kinder oder die der Eltern beschneiden; vielmehr werden die drei als sich ergänzende und im Einklang stehende Teile verstanden.

Am Beispiel der pädagogischen Ziele wird nun der Einklang zwischen dem Recht der Erzieherin auf Beteiligung und dem Recht der Kinder, aktiv ihre Identität und ihre Kompetenz aufzubauen, verdeutlicht. Auf dem *reichen Bild vom Kind*[14] aufbauend, ist es ein Ziel der reggianischen Erzieherinnen, den Kindern die Entwicklung der *hundert Sprachen* zu ermöglichen. Dieses Ziel wurde von den Erzieherinnen im Laufe der Jahre sowohl theoretisch ausgearbeitet als auch in der Praxis mit Inhalt gefüllt. Wie bereits beschrieben, zählen in der Reggio-Pädagogik zu den *hundert Sprachen* die expressiven, kommunikativen, symbolischen, kognitiven, ethischen, metaphorischen, logischen, imaginativen und beziehungsmäßigen Sprachen.[15] Das Erreichen dieses zunächst einmal abstrakten Zieles wurde beispielsweise dadurch konkret angestrebt, dass seit den siebziger Jahren in jeder Kindertagesstätte Ateliers vorhanden sind. In diesen Ateliers wird die Unterstützung der Entwicklung der *hundert Sprachen* verwirklicht (vgl. Davoli 1990, 82ff.). Das Atelier als Raum der Kreativität ist ein Beispiel dafür, wie die Erzieherinnen einen Rahmen zur Verwirklichung der pädagogischen Ziele schaffen. Sie haben aus einer Vielfalt denkbarer Möglichkeiten einen Ort zur Entwicklung der *hundert Sprachen* realisiert. Um das theoretisch formulierte Ziel mit Inhalten und Handlungspraktiken zu füllen, wäre beispielsweise auch die Einrichtung von Musikzimmern möglich gewesen.

---

[14] Vgl. zum Begriff *reiches Bild* die Abschnitte 1.1 und 1.1.2.

[15] Vgl. den Abschnitt 1.1.2.

Ein weiteres Beispiel aus dem Bereich der Raumgestaltung verdeutlicht, wie Erzieherinnen in Reggio Emilia von ihrem Recht auf Beteiligung an der Ausarbeitung des konzeptionellen Rahmens Gebrauch machen. Knauf beschreibt in seiner Veröffentlichung *Freiräume schaffen – Spielräume entdecken* den Einfluss des Raumes als so genannten *dritten Erziehers* in der Reggio-Pädagogik. Er führt aus: „Für (...) die Pädagogik der reggianischen Kindertagesstätten essentiell sind die in den Räumen verteilten Gegenstände, die mit ihrem Aufforderungscharakter als Handlungsimpulse auf die Kinder wirken" (Knauf 1995, 20). Dieses Zitat belegt, dass die Erzieherinnen dem Raum und der Raumgestaltung eine impulsgebende Rolle übertragen und ihn so zum *dritten Erzieher* gemacht haben. Sie lassen die Kinder daher selbst entscheiden, ob sie bei ihren Selbst-Lern-Prozessen den Impuls aufgreifen oder unbeachtet lassen wollen.

Über die Beteiligung am konzeptionellen Rahmen hinaus haben die Erzieherinnen noch weitere Rechte. Zum einen ist das Recht der Beteiligung an der Auswahl von Beobachtungsmethoden zu nennen. Zum anderen haben Erzieherinnen in Reggio Emilia das Recht der Wahl bestimmter thematischer Schwerpunkte in folgenden Arbeitsbereichen: Fortbildung, Kulturinitiativen, Leitungsgremium, Arbeitsorganisation und Raumnutzung (vgl. Reggio Children 1998b, 64). Diese Rechte ermöglichen den Erzieherinnen einen ihrer Kompetenz und ihrer Rolle angemessenen Handlungsspielraum, der es ihnen erlaubt, die Entwicklung des Kindes als *Wegbegleiterin und Zeugin* zu unterstützen. Ein Zitat aus der *Erklärung der drei Rechte* verdeutlicht die Bedeutung dieses Handlungsspielraumes für die Weiterentwicklung der Reggio-Pädagogik: „Dieses kooperative und vielfältige Netz vertraut auf die Ideen und Kompetenzen von allen, die in der Einrichtung arbeiten und leben. (...) Es will nicht nur die Rollen der öffentlichen pädagogischen Einrichtungen und der Familie neu beleben, sondern auch die sozialen Formen des Gewinnens und Veränderns von Wissen erneuern und verstärken" (ebd.).

2.3 Die Rechte der Eltern

Im folgenden Abschnitt wird dargelegt, welche wesentlichen Rechte die Eltern in den kommunalen Kindertagesstätten von Reggio Emilia haben, wie sie 1993 in der *Erklärung der drei Rechte* formuliert wurden. Darin heißt es: „Die Eltern haben das Recht, (...) sich aktiv an den Erfahrungen des Wachsens, des Sorgens und der Bildung der eigenen Kinder zu beteiligen, die sie einer öffentlichen Einrichtung anvertrauen“ (a. a. O., 65). Analog den Rechten der Kinder und denen der Erzieherinnen wird den Eltern in der Reggio-Pädagogik ein Recht auf aktive Beteiligung am Erziehungsprozess zugesprochen. Dabei wird dieses Beteiligungsrecht ausdrücklich auf die Erfahrungen des Wachsens, des Sorgens und der Bildung bezogen. Eine so verstandene Erfahrungsbeteiligung setzt ein intensives Einbeziehen der Eltern in die pädagogische Arbeit der Kindertagesstätte voraus, und zwar nicht nur in Form von Elternabenden, sondern auch in Zeiten, zu denen sich die Kinder in der Kindertagesstätte aufhalten.

Die Eltern haben darüber hinaus ein Recht auf Austausch und Kommunikation in Bezug auf den Erziehungsprozess. Der Austausch bezieht sich sowohl auf die Gruppe der anderen Eltern als auch auf die der Erzieherinnen. Dieses Recht ist eng verknüpft mit dem Recht auf Beteiligung an der „Suche nach Formen, Inhalten und Werten der Erziehung“ (ebd.). Ein Beispiel aus der Praxis kann dieses zunächst einmal theoretisch formulierte Recht veranschaulichen. Die Erzieherinnen der Kindertagesstätte *Diana* fragten sich, wie bereits an anderer Stelle erwähnt, ob sich die Kinder selbst als Träger von Rechten sehen.

Aus diesem Grund erfragten sie die Vorstellungen der Kinder über ihre Rechte. Die aufgezeichneten Gedanken der Kinder wurden anschließend sowohl mit den Kindern als auch mit den Eltern diskutiert. Aber nicht nur die Kinder, sondern auch einige Eltern der Kindertagesstätte *Diana* haben sich im Zuge dessen über die Rechte von Kindern ausgetauscht und eine eigene *Erklärung der Rechte für Kinder* verfasst.[16] Diese beiden unterschiedlichen Dokumente – gemeint sind die Rechte aus der Sicht der Kinder und die aus der Sicht der Eltern – sind nacheinander mit allen Eltern der Kindertagesstätte diskutiert worden (vgl. ebd.). Indem die Eltern ihre Werte und Ziele in Bezug auf die Rechte der Kinder schriftlich festgehalten und in die Diskussion eingebracht haben, beteiligten sie sich einerseits aktiv daran und leisteten darüber hinaus auch einen eigenständigen Beitrag zur Schaffung von Kinderrechten. Andererseits haben sie sich mit den Gedanken der Kinder auseinandergesetzt und sind auf diese Art und Weise auch an den Erfahrungen der Kinder beteiligt gewesen. Dieses Beispiel mag als Beleg dafür dienen, wie ernst in Reggio Emilia das Recht der Eltern auf Beteiligung an den Erfahrungen der Kinder und an der Ausarbeitung von Erziehungszielen genommen wird. Darüber hinaus verdeutlicht das Beispiel, wie die Eltern ihr Recht auf Austausch und Kommunikation mit anderen Eltern und Erzieherinnen in der Praxis verwirklichen. Abschließend kann festgehalten werden, dass die Eltern in der Reggio-Pädagogik ein Recht auf Beteiligung erhalten, von dem sie in der Praxis vielfältigen Gebrauch machen. Ihre Rechte stehen in einer Beziehung sowohl zu den Rechten der Kinder als auch zu denen der Erzieherinnen. Giacopini schreibt dazu zusammenfassend: „Die Anerkennung ihrer Rechte als Jungen und Mädchen muss gleichbedeutend sein mit der Anerkennung der Rechte der Eltern und der Erzieher. (...) Selbstverständlich darf der Kindergarten nicht der einzige Ort sein, an dem die Rechte (...) umgesetzt werden; dennoch trägt er die Verantwortung, Resonanzboden zu sein für die außergewöhnliche Begegnung zwischen (...) den Rechten der Erwachsenen und denen der Kinder“ (Giacoponi 1998, 14).

[16] Dieses Dokument ist nicht mit in das Buch *Ein Ausflug in die Rechte von Kindern* aufgenommen worden. In der Veröffentlichung wird dies wie folgt begründet: „Die Mütter und Väter haben sich (...) dieser schwierigen Aufgabe gestellt. Parallel zu dem der Kinder haben sie ein Dokument geschaffen, das wir trotz seines Wertes (...) nicht veröffentlichen, um die Kinder autonom für sich sprechen zu lassen“ (a. a. O., 59).

3. Die Partizipation

3.1 Die Partizipation der Kinder

Nachdem im vorherigen Kapitel dargelegt wurde, dass Kinder in Reggio Emilia ein Recht auf Beteiligung an ihrer eigenen Entwicklung haben, geht es im Folgenden darum, eine konkrete Form der Beteiligung der Kinder exemplarisch darzustellen. Es wird also auf die Beantwortung der Frage gezielt: Wie wird das Recht der Kinder, ihre Kompetenz selbst und aktiv zu entwickeln, in der Praxis realisiert?

Für die Kinder in den kommunalen Kindertagesstätten gibt es eine institutionalisierte Form der Beteiligung, auf die nun näher eingegangen wird. In sämtlichen Kindertagesstätten ist eine Art Kinderparlament eingerichtet, das sogenannte *gioco del che fare*, was wörtlich übersetzt *Spiel des „Was Tun“* heißt (vgl. Reggio Children 1998c, 14ff.). Eine freiere, schon interpretierende Übersetzung könnte lauten: *Das Planungsspiel: Was machen wir?* An dieser Versammlung nehmen sämtliche Kinder einer Gruppe sowie die Erzieherinnen teil. Gemeinsam diskutieren die Kinder und die Erzieherinnen, welche Idee, z. B. im Rahmen eines Projektes, als nächstes realisiert werden soll. In dem Buch *Springbrunnen: Aus dem Projekt zur Konstruktion eines Vergnügungsparks für Vögel* heißt es: „Die Wahl der Projektinhalte wird fast immer durch Ereignisse, Gespräche und Interessen angeregt, die, da sie aus der eigenen Erfahrung der Kinder entstanden sind, eine gute Akzeptanz und vor allem große Motivation und Bereitschaft sichern“ (ebd.). Die von den Kindern selbst vorgeschlagenen Inhalte stehen in einem direkten Bezug zu ihren Erfahrungen und Interessen. So wünschten sich die Kinder der Kindertagesstätte *La Villetta* im oben genannten Projekt einen kleinen See für durstige Vögel im Park der Kindertagesstätte. Diese Idee hatte unmittelbar mit den Erfahrungen der

Kinder zu tun. Sie hatten nämlich während des heißen Sommers die Vögel beobachtet, die in den Bäumen des Gartens der Kindertagesstätte lebten. Im Kinderparlament tauschten die Kinder untereinander ihre Ideen für den *Vergnügungspark* aus, wobei auch die *imaginative Sprache* der Kinder zu Wort kam, denn die Kinder hatten die Idee, im *Vergnügungspark* auch Aufzüge für die älteren und Schaukeln für die kleinen Vögel zu bauen (vgl. a. a. O., 10). Dieses Beispiel zeigt, dass im Kinderparlament die Kinder an der Auswahl der Projektthemen und -inhalte direkt beteiligt sind. Indem die Kinder aktiv mit in die Planung einbezogen werden, wird ihnen die Möglichkeit gegeben, ihre Ideen vorzustellen und sie in der Gemeinschaft mit anderen Kindern weiterzuentwickeln. Malaguzzi führt dazu aus: „Jedes Kind kann seine Idee äußern; dann muss man sehen, wie sie von den anderen Kameraden aufgenommen wird. So fliegen die Ideen durch den Raum, werden zurückgeschleudert, häufen sich an, erheben sich von neuem, verschwinden einfach (...). Bis dann endlich eine von ihnen entschieden die Oberhand gewinnt, in höchste Höhen fliegt und siegreich das ganze Parlament überzeugt" (ebd.). Die Kinder sammeln im Kinderparlament also Erfahrungen beim Vorstellen und Diskutieren ihrer Ideen, was zu einer Erweiterung ihrer Kompetenzen beiträgt. Sie lernen so, ihren Wünschen einen verbalen Ausdruck zu verleihen und gleichzeitig den anderen Kindern beim Vortragen ihrer Ideen zuzuhören. Die Kinder sammeln darüber hinaus Diskussionserfahrungen in einer großen Gruppe. Diese Beteiligung der Kinder setzt jedoch die Unterstützung durch die Erzieherinnen voraus. Sie müssen, um noch einmal die oben genannte Veröffentlichung heranzuziehen, „die Kinder unterstützen, mit Klarheit ihre Gedanken darzulegen, ohne sie mit denen der Altersgenossen zu vermischen, keine Angst zu haben, sich zu irren, und sich ihrer Ideen sicher zu sein" (ebd.). Erst durch diese Unterstützung wird es den Kindern möglich, sich im Kinderparlament mit ihren Vorstellungen und Ideen zu beteiligen, auch wenn es dabei beispielsweise zu Meinungsverschiedenheiten mit anderen Kindern kommt.

3.2 Die Partizipation der Erzieherinnen

In der Reggio-Pädagogik erhalten Erzieherinnen und Eltern weitreichende Beteiligungsmöglichkeiten. Nachfolgend werden einige relevante Aspekte der Partizipation von Erzieherinnen in den kommunalen Kindertagesstätten von Reggio Emilia – ohne Anspruch auf Vollständigkeit – skizziert. Zuvor werden jedoch einige für den Kontext wichtige Überlegungen vorangestellt.

Die Leitung der kommunalen Kindertagesstätten liegt nicht in der Hand einer einzelnen Person, sondern gleichermaßen in den Händen von Erzieherinnen, Eltern und Bürgern.[17] In Reggio Emilia gibt es in jeder Kindertagesstätte statt einer Leiterin einen *gemeinschaftlichen Leitungsrat:* den *consiglio di gestione sociale* (vgl. Göhlich 1995, 78ff.). In diesem Zusammenhang ist es wichtig zu klären, wie sich ein solcher *gemeinschaftlicher Leitungsrat* zusammensetzt und welche Aufgaben er erfüllt.

Göhlich weist auf die große Anzahl der Personen hin, die alle zwei Jahre in den *gemeinschaftlichen Leitungsrat* gewählt werden. Er schreibt: „In den ‚consiglio di gestione' (...) werden alle Kita-Mitarbeiter, eine in der (öffentlichen) Wahlversammlung von den Beteiligten selbst festgelegte Anzahl von Bürgern des Stadtteils und eine ebenfalls dort festgelegte, zumindest aber der Anzahl der Mitarbeiter plus der der Mitbürger gleichkommende Zahl von Eltern gewählt" (a. a. O., 80). Bei der Beteiligung der Erzieherinnen am *gemeinschaftlichen Leitungsrat* handelt es sich also um ein Recht und zugleich um eine Pflicht. Die Verantwortung für die Leitung der Kinder-

[17] Das erste italienische Kindergartengesetz (Gesetz Nummer 444) aus dem Jahre 1968 enthält die Auflage einer kollektiven Leitung, bestehend aus Erzieherinnen, Eltern und Bürgern. Lediglich in den nördlichen Regionen Italiens wurde dieser Anspruch in der Praxis auch eingelöst (vgl. Dreier 1994, 191f.).

tagesstätte teilen sich die Erzieherinnen aber mit einer mindestens ebenso großen Anzahl von Eltern.[18] Wie können sich aber rund vierzig Personen die Verantwortung für die Leitung einer Kindertagesstätte teilen? Die Aufgaben des *gemeinschaftlichen Leitungsrates* sind dafür in einzelne Bereiche unterteilt und in einer für sämtliche kommunalen Kindertagesstätten verbindlich festgelegten Satzung, dem sogenannten *regolamento*, schriftlich fixiert worden.[19] In Anlehnung an Dreier lassen sich die im *regolamento* beschriebenen Tätigkeiten im Wesentlichen in vier Bereiche unterteilen: erstens die Auseinandersetzung des *gemeinschaftlichen Leitungsrates* mit den Lebensbedingungen der Familien; zweitens die Organisation der Kindertagesstätte, z. B. in Hinsicht auf Öffentlichkeitsarbeit und Finanzen; drittens die Planung von Aktivitäten und Projekten und viertens die Auseinandersetzung mit dem Thema Kindheit (vgl. Dreier 1994, 102). Die Bewältigung dieser Aufgaben ist demnach Inhalt der Arbeitsgruppen, in die sich der *gemeinschaftliche Leitungsrat* untergliedert. Nun werden diese vier Aufgabenbereiche in Bezug auf die Funktion der Erzieherinnen konkretisiert.

Das erste Aufgabengebiet des *gemeinschaftlichen Leitungsrates* umfasst Untersuchungen zu den konkreten familiären Lebensbedingungen. Die Erzieherinnen verteilen regelmäßig Fragebogen an die Eltern ihrer Einrichtung, deren Beantwortung u. a. Aufschluss

---

[18] Göhlich nennt für die zahlenmäßige Zusammensetzung des *gemeinschaftlichen Leitungsrates* einige Beispiele. So verteilten sich die Mitglieder des *Leitungsrates* der Kindertagesstätte *Pablo Neruda* auf 16 Mitarbeiterinnen, 31 Eltern und eine Bürgerin und die der Kindertagesstätte *Anna Frank* auf 16 Mitarbeiterinnen, 23 Eltern und zwei Mitbürgerinnen. Diese Beispiele verdeutlichen zum einen die zahlenmäßig große Beteiligung von Erzieherinnen und Eltern und zum andern den zahlenmäßig geringen Anteil von Mitbürgerinnen (vgl. ebd.).

[19] Das *regolamento* stammt aus dem Jahre 1972 und wurde 1983 überarbeitet (vgl. a. a. O., 146; Dreier 1994, 102ff.).

über die Arbeitszeiten der Eltern und über die Familienstruktur – gedacht sei hier an Alleinerziehende – geben (vgl. ebd.). Diese Fragebogen werden im *gemeinschaftlichen Leitungsrat* ausgewertet, und auf dieser Grundlage wird u. a. über Öffnungszeiten, Feriententermine und Aufnahmekriterien entschieden. Die Erzieherinnen sind also direkt beteiligt, wenn es um die Entscheidungen der oben genannten organisatorischen Strukturen der Kindertagesstätte geht. Sie erhalten darüber hinaus durch die Untersuchungen eine Vorstellung von den Bedürfnissen und von den Lebensbedingungen der Eltern. So erfahren sie z. B., wie hoch in der Kindertagesstätte der aktuelle Anteil Alleinerziehender oder die Beschäftigungsquote von Frauen innerhalb der Elternschaft ist. Indem die Erzieherinnen als Mitglieder des *gemeinschaftlichen Leitungsrates* die Möglichkeit haben, sich direkt an der Erforschung der familiären Lebensbedingungen zu beteiligen, erweitern sie ihren Wissenshorizont und gelangen gleichzeitig zu einem tieferen Verständnis der familiären Lebenssituationen.

Das zweite Aufgabengebiet umfasst u. a. die Öffentlichkeitsarbeit. Dreier beschreibt die Aufgaben im Einzelnen wie folgt: „Hier werden einzelne Ressorts wie Öffentlichkeitsarbeit, die Leitung der Dokumentationsstelle und der Finanzabteilung verteilt sowie die Treffen zwischen Eltern und Erzieherinnen in den einzelnen Krippen und Kindergärten, aber auch einrichtungsübergreifende Aktivitäten geplant“ (a. a. O., 103). In der Reggio-Pädagogik erweitern die o. g. Aufgaben den Kompetenzbereich von Erzieherinnen, was an einem Beispiel verdeutlicht werden kann. Die Erzieherinnen in Reggio Emilia sind als Autorinnen bei der Veröffentlichung von Dokumentationen beteiligt.[20] So finden sich in der von *Reggio Children* 1995 in

[20] Vgl. die Aussagen von Marina Castagnetti (vgl. Castagnetti 2002, 90ff.) und die Aussagen der Lehrerinnen (Reggio Children 1998b, 59).

Italien herausgegebenen Buchreihe *Die ungehörten Stimmen der Kinder* nicht nur Beiträge der pädagogischen Koordinatorinnen, Fachberaterinnen und Atelierleiterinnen, sondern auch Beiträge der Erzieherinnen. Diese werden genau wie die anderen Berufsgruppen namentlich in den Büchern erwähnt (vgl. Reggio Children 1998a, 3; Reggio Children 1998b, 5; Reggio Children 1998c, 3; Reggio Children 1998d, 3). Die Beteiligung der Erzieherinnen im Rahmen der Öffentlichkeitsarbeit hat eine Aufwertung ihrer Position und eine Anerkennung ihres unersetzlichen Anteils an den veröffentlichten Projekten zur Folge.

Das dritte Aufgabengebiet umfasst die Planung von Aktivitäten und Projekten. Dafür können an dieser Stelle als Beispiel die Fortbildungen der Erzieherinnen herangezogen werden. Diese Fortbildungen sind in den kommunalen Kindertagesstätten ein Recht, das auch Pflichten enthält. Von der wöchentlichen Arbeitszeit von 36 Stunden stehen den Erzieherinnen pro Woche 6 Stunden zur Weiterbildung zur Verfügung.[21] Spaggiari schreibt über diese Zeiten: „Das sind 6 Stunden wöchentlich, die es den Erziehern und sämtlichen Personen ermöglichen, miteinander zu reden, Vorschläge zu machen, Ideen auszuarbeiten. Es sind Stunden, die eben dafür aufgewandt werden, um mit den Eltern zu reden, um an Fachtagungen teilzunehmen, um sich weiterzubilden. Das sind 6 Stunden, die also nicht mit den Kindern verbracht werden, aber 6 Stunden, die sehr wichtig sind für ein Miteinander mit Kindern“ (a. a. O., 74f.). Das Zitat von Spaggiari weist darauf hin, dass es sich sowohl um interne Fortbildungen handeln kann, bei denen die Erzieherinnen Ideen ausarbeiten, als auch um externe Fortbildungen im Rahmen von Fachtagungen. Die Erzieherinnen sind als Mitglieder des *gemeinschaftlichen*

---

[21] Auch dem weiteren Personal wie Köchinnen oder Hausarbeiterinnen steht diese Zeit zur Verfügung (vgl. Spaggiari 1990, 74).

Leitungsrates unmittelbar bei der Auswahl von Themen und der Festlegung von Zeiten für diese Weiterbildungen beteiligt. Dieses Beispiel zeigt, wie weitreichend die Partizipation der Erzieherinnen in Reggio Emilia verwirklicht wird.

Das vierte Aufgabengebiet umfasst die Beschäftigung mit relevanten Themen zur Kindheit. Diese Themen werden von den Erzieherinnen theoretisch, z. B. anhand von Fachliteratur, aber auch praxisbezogen, z. B. durch eigene Beobachtungen, bearbeitet und anschließend in die öffentliche Diskussion eingebracht. Dreier schreibt dazu: „Einzelne Arbeitsgruppen zur Beschäftigung mit relevanten Themen zur Kindheit werden eingerichtet, wobei diese eng mit den Kommunalpolitikern zusammenarbeiten – hier mit Senatoren für Bildung und Schulwesen –, um auf die Bedürfnisse und Belange von Kindern und ihren Familien auch hinsichtlich politischer Entscheidungen aufmerksam zu machen“ (Dreier 1994, 103).

Die Entscheidung, an welcher Arbeitsgruppe sich die einzelne Erzieherin beteiligt, liegt ganz bei ihr selbst. Im *regolamento* heißt es dazu, dass eine gemeinschaftliche Erziehung aufbauen müsse auf der „Freiheit und Individualität des einzelnen Kindes und seiner Erzieherin“ (Regolamento zitiert nach a. a. O., 220). Diese Aussage weist auf die Wechselwirkung von Kind und Erzieherin hin. Das Recht auf Freiheit und Individualität wird in der Reggio-Pädagogik nicht allein den Kindern gegeben. Vielmehr kann es nur dann für die Kinder verwirklicht werden, wenn der Erzieherin selber auch dieses Recht zugesprochen wird. Die Reggio-Pädagogik geht also davon aus, dass die Erzieherin dem Kind nur dann einen Rahmen zur freiheitlichen Entwicklung geben kann, wenn für ihre eigene Arbeit auch das Recht auf Individualität und Freiheit gesichert ist. Neben dieser Wechselwirkung kommt in dem Zitat aber auch ein weiterer für diesen Kontext relevanter Aspekt zur Sprache: die Achtung vor der Individualität der Erzieherin. Sie wird nicht auf ihre pädagogische Aufgabe reduziert, sondern als Mensch mit persönlichen Fähigkeiten und individuellen Interessen wahr- und ernstgenommen. Dreier weist darauf hin, dass auch für die Erzieherinnen Fragen wie: „Was tue ich gern?“ von großer Bedeutung bei der Planung der Arbeit sind. Sie schreibt: „Manchem mögen diese Fragen ungewöhnlich erscheinen, sie weisen jedoch auf eine wichtige Grundhaltung gegenüber der erzieherischen Professionalität hin“ (Dreier 1997a, 207). Diese Grundhaltung ist in der Satzung als Recht verankert und ermöglicht den Erzieherinnen, sich alle zwei Jahre gemäß ihren Interessen für eine Arbeitsgruppe zu verpflichten.

Es konnte gezeigt werden, dass die im *regolamento* fixierten Arbeitsbereiche des *gemeinschaftlichen Leitungsrates* den Erzieherinnen vielfältige Partizipationsmöglichkeiten in der Kindertagesstätte zusichern. Im nächsten Abschnitt wird nun die Partizipation der Eltern dargestellt.

3.3 Die Partizipation der Eltern

Die Ausführungen zur Partizipation der Eltern möchte ich mit einer Aussage eines Elternteils aus Reggio Emilia einleiten. Bei der bereits erwähnten Fachtagung in Hamburg wurde die Reggio-Pädagogik zum ersten Mal im Ausland nicht nur von pädagogischen Mitarbeiterinnen, sondern auch von Eltern vertreten (vgl. Bernhardt/Henke 1990, 153). Der Vorsitzende der Elternvertretung, Silvio Chirolli, fasste seine langjährigen Erfahrungen in dieser Position folgendermaßen zusammen: „Ich fühle, in eine Gemeinschaft aufgenommen zu sein, mich ihr zugehörig zu erleben durch das, was ich geben kann, und das, was ich bin. Innerhalb der Kindergärten ist mir immer ein Gefühl von Achtung entgegengebracht worden, *ich habe mich immer als Teil vom Ganzen gefühlt* und sehe meine Aufgabe als Aufgabe für ein Kollektiv (Herv. v. d. Verf.)“ (Chirolli zitiert nach Rettig 1990, 147).

Worin bestehen die Aufgaben der Eltern innerhalb des *gemeinschaftlichen Leitungsrates*? Wie bereits dargelegt, werden im Rahmen des ersten Aufgabengebietes die konkreten Lebensbedingungen der Familien untersucht. Die mit Hilfe von Fragebogen erhobenen Daten werden im *gemeinschaftlichen Leitungsrat* ausgewertet. Indem die Eltern in nicht unerheblichem Maße selbst an dieser Auswertung mitarbeiten, wird nicht nur über sie, sondern auch mit ihnen geforscht. Die aus diesen Untersuchungen abgeleiteten organisatorischen Entscheidungen der Kindertagesstätte – gedacht sei hier an die Öffnungszeiten – werden direkt von den Eltern mitbestimmt. Eine solche Mitbestimmung ermöglicht es ihnen, sich hinsichtlich ihrer Bedürfnisse Gehör zu verschaffen und diese unmittelbar mit den Erzieherinnen zu diskutieren. Die Kindertagesstätte wird dadurch zu einem Ort, der nicht allein auf die Bedürfnisse von Kindern und Erzieherinnen, sondern eben auch auf die Lebenssituation von Eltern abgestimmt ist. Im Rahmen des zweiten Aufgabengebietes – die Öffentlichkeitsarbeit betreffend – werden u. a. die Treffen zwischen Eltern und Erzieherinnen geplant. Die Beteiligung der Eltern ist an dieser Stelle von großer Bedeutung, weil sie so ihre thematischen Interessen bei der Planung von Elternabenden mit einbringen können. Dreier schreibt über die Elternabende: „Zudem finden diese Treffen selten in Form ‚trockener' Vorträge statt: Filme, Fotos, Wandzeitschriften und Berichte aus dem Alltag mit den Kindern gelten als wichtige Medien für eine umfassende Bearbeitung. Hinzu kommt, dass sich diese Treffen den Arbeitsrhythmen der Familien anpassen, um möglichst alle Eltern einzubeziehen, und bei nachmittäglichen Begegnungen wird häufig eine Kinderbetreuung in der Einrichtung angeboten" (Dreier 1994, 164). Dieses Zitat weist auf zwei wichtige Aspekte hin. Einerseits werden die Begegnungen thematisch interessant gestaltet, und andererseits ist der organisatorische Rahmen so auf die Lebenssituation der Familien abgestimmt, dass er sämtlichen Eltern eine Teilnahme ermöglicht. Beide

Aspekte sind sicherlich auch auf die direkte Beteiligung der Eltern bei der inhaltlichen und organisatorischen Planung im *gemeinschaftlichen Leitungsrat* zurückzuführen.

Die umfangreichen Partizipationsmöglichkeiten der Eltern lassen sich auch anhand des dritten Aufgabengebietes, am Beispiel der Planung von Projekten, verdeutlichen. Die Eltern haben in diesem Zusammenhang die Möglichkeit, in die Planung von Projekten eigene Ideen einzubringen. Da die Projekte thematisch an den Erfahrungen der kindlichen Lebenswelt orientiert sind, bietet sich den Eltern ein breites Beteiligungsspektrum, wie ein Beispiel veranschaulichen hilft: In der Kindertagesstätte *XXV Aprile,* die in einem ländlichen Stadtteil von Reggio Emilia liegt, arbeiten einige der Eltern in der Landwirtschaft (vgl. Krieg 1993, 75ff.). Diese Eltern luden die Kinder der Kindertagesstätte im Herbst zu einem Besuch der Weinfelder ein. Sie verhalfen den Kindern zu einem Erlebnis ganz besonderer Art: bei der Ernte der Trauben mitzuhelfen. Die später von den Kindern gemalten Bilder zeugen davon, dass diese Traubenlese ein intensives Erlebnis für die Kinder gewesen ist (vgl. ebd.). Erst die Eltern ermöglichten die Anwesenheit der Kinder auf den Weinfeldern während der Erntezeit und initiierten damit ein sich an den Besuch anschließendes Projekt zum Thema Traubenlese. Dieses Beispiel zeigt, dass die Eltern durch ihre Partizipation auch einen wichtigen Beitrag zur Praxis der Kindertagesstätten leisten. Dreier spricht in diesem Zusammenhang davon, dass Eltern durch ihre Beteiligung „zu wichtigen Partnern des pädagogischen Geschehens“ werden (Dreier 1994, 106). Sie schreibt: „Diese Formen der Elternbeteiligung zeigen, dass Mütter und Väter (...) als Menschen mit verschiedenen Gewohnheiten, Interessen und Fähigkeiten gelten. (...) *die Gesamtheit ihrer Lebenssituation soll anerkannt und zur Orientierung für die Formen der öffentlichen Erziehung werden* (Herv. v. d. Verf.)“ (a. a. O., 161).

Auch für das vierte Aufgabengebiet, der Beschäftigung mit relevanten Kindheitsthemen, leisten die Eltern einen unersetzlichen Anteil. Sie bringen zu den Themen – gedacht sei hier an die erwähnten Rechte der Kinder – ihre eigene Sichtweise als Eltern mit ein. Ihre Perspektive in bezug auf das Thema ist von gleichwertiger Bedeutung, und sie ergänzt die Sichtweisen der Erzieherinnen und die der Kinder. Zusammenfassend kann festgehalten werden, dass die Formen der Partizipation, wie sie im *regolamento* fixiert sind, den Eltern ein breites Interventionsspektrum und umfassendes Mitspracherecht eröffnen.

Neben der beschriebenen inhaltlichen Beteiligung der Eltern soll nun noch auf ihren zahlenmäßigen Anteil am *gemeinschaftlichen Leitungsrat,* der eine institutionalisierte Form der Gleichwertigkeit darstellt, eingegangen werden. Das *regolamento* garantiert den Eltern nicht nur die Partizipation an sich, sondern diesbezüglich auch eine anteilsmäßige Gleichwertigkeit. Sie kommt darin zum Ausdruck, dass die Eltern zahlenmäßig mindestens die Hälfte der Mitglieder des *gemeinschaftlichen Leitungsrates* ausmachen müssen. Aber auch bei der Verteilung der Mitglieder auf die einzelnen Aufgabengebiete wird auf den Anteil von Eltern geachtet. Göhlich nennt für die Verteilung von Eltern und Erzieherinnen auf die einzelnen Aufgabengebiete ein Beispiel. Eine Arbeitsgruppe soll mindestens aus 1 bis 2 Erzieherinnen und 2 bis 3 Elternteilen bestehen (vgl. Göhlich 1995, 81). Dadurch wird in der Reggio-Pädagogik die Partizipation der Eltern an sämtlichen Aufgabengebieten des *gemeinschaftlichen Leitungsrates* sichergestellt.

Die bisherigen Ausführungen konnten zeigen, dass der Anspruch, Erziehung als *gemeinschaftliche Aufgabe* zu realisieren, durch die kollektive Leitungsform eingelöst wird.[22] Darüber hinaus hat die Reggio-Pädagogik Formen der Partizipation für Kinder, Erzieherinnen

[22] Vgl. zum Begriff *Erziehung als gemeinschaftliche Aufgabe* das Kapitel 4.

und Eltern entwickelt, die einer Umsetzung der theoretisch formulierten *Erklärung der drei Rechte* in die Praxis förderlich ist. Malaguzzi beendet diese Erklärung mit folgenden Worten: „Partizipation und suchendes Forschen sind zwei Begriffe, die vieles von unserer allgemeinen pädagogischen Theorie zusammenfassen können. Und sie umreißen die notwendigen Voraussetzungen, um eine kooperative Verständigung zwischen Eltern und pädagogischen Fachkräften zu verwirklichen – im Interesse einer pädagogischen Entwicklungsperspektive für Kinder" (Malguzzi 1998c, 66).

4. Das konstitutive Sozialaggregat im Spiegel der Konzeptionen

Pädagogik wird in den kommunalen Kindertagesstätten und Krippen[23] von Reggio Emilia als ein Prozess verstanden, der sich im Wesentlichen im Zusammenspiel der drei Systeme Kinder, Erzieherinnen und Eltern vollzieht, die gemeinschaftlich das in der vorliegenden Arbeit thematisierte Sozialaggregat bilden. Der Zusammenhang und die Kooperation dieser drei Systeme werden nun anhand schriftlich vorliegender reggianischer Konzeptionen untersucht. Einige allgemeine Ausführungen werden in einem ersten Schritt vorangestellt, um die Thematik einzuleiten.

Die hier in den Blick genommenen Konzeptionen stammen aus vier Kindertagesstätten und einer Krippe, die ich im November 1997 im Rahmen der *Studienfahrt der Bundesrepublik Deutschland* in Reggio Emilia besucht habe.[24] Sie enthalten ein theoretisches Ideal der Reggio-Pädagogik und liefern gleichzeitig Beispiele aus der gelebten Praxis. Sie unterscheiden sich von Konzeptionen deutscher Kindertagesstätten in einem ganz wesentlichen Punkt.[25] Während deutsche Konzeptionen normalerweise von Erzieherinnen geschrieben werden und nur in seltenen Fällen Beiträge von Eltern und in keinem mir bekann-

---

[23] Zur besseren Lesbarkeit des Textes wird im Folgenden nur von Kindertagesstätten gesprochen. Wenn konkret von einer bestimmten Krippe die Rede ist, wird diese auch als solche bezeichnet.

[24] Insgesamt gab es 2000 in Reggio Emilia 21 kommunale Kindertagesstätten und 13 Krippen (vgl. Reggio Children 2000, 5).

[25] Diese Aussage bezieht sich auf meine Erfahrungen als Fachberaterin für Kindertagesstätten. Mir ist aus meiner langjährigen Berufserfahrung keine Konzeption bekannt, in der Kinderäußerungen wörtlich wiedergegeben werden. Damit ist selbstverständlich nicht ausgeschlossen, dass Konzeptionen einzelner Kindertageseinrichtungen solche Beiträge von Kindern veröffentlicht haben könnten.

ten Fall Wortbeiträge von Kindern enthalten, sind die Konzeptionen aus Reggio Emilia ein Spiegel des gemeinschaftlichen Erziehungsprozesses. Erzieherinnen, Eltern und sogar Kinder erhalten in den reggianischen Konzeptionen das Wort und leisten einen eigenständigen Beitrag zum Selbstverständnis und zur Außendarstellung der Einrichtung. Diese Beiträge ergeben zusammen ein Bild von der Kindertagesstätte, das die unterschiedlichsten Aspekte vereint. Die Konzeptionen enthalten demnach nicht nur das, was Erzieherinnen als wichtig erachten, sondern eben auch das, was Eltern und Kindern an ihrer Einrichtung bedeutsam ist. Darüber hinaus sind die Konzeptionen ein Spiegel der Zusammenarbeit, denn die Beiträge bilden gemeinsam ein Ganzes: die Kindertagesstätte aus der Sicht der drei *Hauptakteure des Erziehungsprozesses*. Im Folgenden werden in je einem Abschnitt die Beiträge der Kinder, der Erzieherinnen und der Eltern anhand von Beispielen aus den Konzeptionen der Kindertagesstätten *La Villetta, Diana, Ernesto Balducci, Anna Frank* und der Krippe *Salvador Allende* untersucht (vgl. Scuola comunale dell'infanzia La Villetta o. J.; Scuola comunale dell'infanzia Diana o. J.; Scuola comunale dell'infanzia Ernesto Balducci o. J.; Scuola comunale dell'infanzia Anna Frank o. J.; Nido comunale Salvador Allende o. J.).

4.1 Der Beitrag der Kinder

In diesem Abschnitt werden die Beiträge der Kinder in den oben genannten Konzeptionen dargestellt. In sämtlichen Konzeptionen sind sowohl Kinderbilder als auch wörtlich wiedergegebene Aussagen von Kindern enthalten. Diese Tatsache illustriert noch einmal sehr eindringlich, dass die Fähigkeiten von Kindern in der Reggio-Pädagogik hoch geschätzt werden, und dass ihre Rechte auch im Bereich der Selbstdarstellung der Einrichtungen ernstgenommen werden. Nimmt man eine der Konzeptionen zur Hand, fällt der Blick des Betrachters sogleich auf die Zeichnung eines Kindes. Die Konzeption der Krippe *Salvador Allende* zeigt beispielsweise auf der Titelseite die Zeichnung *Lauras*, die erst zweieinhalb Jahre alt ist (vgl. Nido comunale Salvador Allende o. J.). Zwei *Kopffüßler* mit riesigen Ohren und lustigen Gesichtern schweben auf dem Blatt (Abb. 1).

Abb. 1: Zeichnung eines Kindes aus der Krippe *Salvador Allende*.

Die nächste Seite der Konzeption verrät, dass Laura ihr Bild *Zwei Freunde* genannt hat. Die Zeichnung dieses Kindes repräsentiert und definiert die Krippe als einen Ort, in dessen Mittelpunkt sehr junge Kinder stehen und an dem sich die *hundert Sprachen* entwickeln können. Der kindliche Ausdruck wird so sehr geachtet, dass sogar ein Kinderbild als eine Art Logo die Titelseite schmücken darf.

Ein Beispiel dafür, wie ein reggianisches Kind die Räumlichkeiten und Architektur seiner Krippe bildlich darstellt, findet sich auf den ersten Seiten der oben genannten Konzeption. Marco, ein zweieinhalb Jahre alter Junge, hat ein Bild von seiner Krippe gemalt, das eine ganze DIN-A4-Seite in der Konzeption einnimmt (Abb. 2).

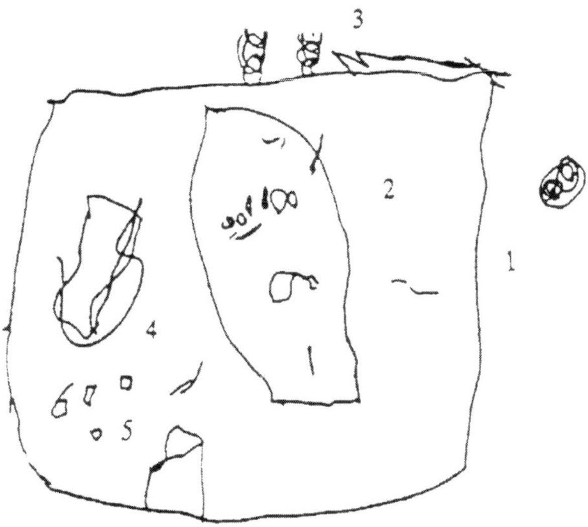

Abb. 2: Zeichnung eines Kindes aus der Krippe *Salvador Allende*.

Dieses Bild ist zu einem Zeitpunkt entstanden, als sich Marcos Malentwicklung im sogenannten *Kritzelstadium* befand. Auf dem Bild ist ein großes Rechteck zu sehen, dessen Umrisslinie an den Ecken nicht mit einem durchgezogenen Strich, sondern mit mehreren zackigen Strichen gezeichnet ist. Im Inneren des Rechtecks befindet sich ein großes ovales Gebilde, in dessen Mitte Marco sehr kleine

Kreise eingezeichnet hat. Die Erzieherin der Krippe *Salvador Allende* hat die Erklärungen des Kindes zu seinem Bild wörtlich festgehalten und diesen Worten Raum auf einer weiteren Seite der Konzeption geschenkt. Sie hat es darüber hinaus auch noch mit kleinen Zahlen zur Erläuterung des Bildinhaltes versehen. Marco sagte Folgendes zu seinem Bild: „1) Das ist die Allende. Zuerst mache ich die Wände, dann mache ich die Fenster. 2) Hier sind die Kinder im Mini-Atelier. Sie spielen mit Ton und mit den Nudelhölzern. 3) Da sind zwei Kamine im Raum der großen Kinder. (...) 4) Ich schreibe Allende damit du dich nicht vertust. Weil, Rosella, wenn du denkst, das sei eine andere Krippe, hast du dich zweimal vertan. 5) Ich mache die Ziegelsteine für den großen Raum, und du kannst einen Turm, so groß, wie ich bin, machen" (Nido comunale Salvador Allende o. J., 3, Übersetzung d. Verf.). Durch die kommentierenden Worte des Kindes und die am Bild angebrachten Zahlen erschließt sich für den Betrachter die Zeichnung. Das Rechteck wird auf einmal erkannt als die Krippe *Salvador Allende* und das Gebilde im Inneren als das Mini-Atelier[26], in dem Kinder mit Ton modellieren. Das Kind möchte mit dem Bild unverwechselbar seine Krippe darstellen; und damit die Erzieherin Rosella, nicht irrtümlicherweise seine Zeichnung für eine andere Krippe hält, gibt er einem gekritzelten Strich den Sinn des Wortes *Allende*. Für dieses Kind steht es außer Frage, dass die Erzieherin *Rosella* in jedem Fall in dem Bild eine Krippe erkennt; seine Sorge besteht nur darin, dass sie in dem Bild nicht die eigene Krippe *(Allende)* erkennen könnte.

---

[26] Als ein Mini-Atelier bezeichnet man in den reggianischen Krippen einen Kreativraum, in dem die Kinder z. B. an Kinderstaffeleien malen können. Während meines erwähnten Aufenthaltes in Reggio Emilia habe ich mir auch das Mini-Atelier der Krippe *Salvador Allende* angesehen. Es war u. a. ausgestattet mit Materialien wie Muscheln, Halbedelsteinen und Hülsenfrüchten, die von den Kindern in großen Kästen mit feinem Sand zu filigranen Musterbildern angeordnet worden waren.

Dieses Beispiel zeigt, dass schon zweieinhalbjährige Kinder in Reggio Emilia ihre Einrichtung anschaulich darstellen können und dass mit Hilfe einer *zuhörenden Erzieherin* die Bedeutung, die das Kind seiner Zeichnung gibt, dem Betrachter erschlossen werden kann. Das Kind füllt mit seinem Bild und seinen Worten die ersten Seiten der Konzeption, und so stellt sich die Einrichtung dem Betrachter zuerst einmal aus der Sicht des Kindes vor.

Ein zweites Beispiel aus der Konzeption der Kindertagesstätte *La Villetta* kann dazu beitragen, die Ausführungen zu vertiefen. Diese Konzeption enthält auf dem Deckblatt ebenfalls eine Kinderzeichnung (vgl. Scuola comunale dell'infanzia La Villetta o. J.).

Im Unterschied zu dem gerade interpretierten Kinderbild handelt es sich hierbei jedoch um die Zeichnung eines älteren Kindes, dessen Malentwicklung sichtlich weiter fortgeschritten ist. Ein Löwe ist mit einer ausdrucksstarken Miene und einer gewaltigen Mähne im Seitenprofil dargestellt (Abb. 3). Auf seinem Rücken befindet sich ein kleiner Sockel. Dieser Löwe ist ein realistisches Abbild von Löwenskulpturen aus Stein, die in der Innenstadt von Reggio Emilia vor der Kirche S. Prospero aufgestellt sind, und auf denen wohl schon jedes reggianische Kind einmal gesessen hat.[27] Die steinernen Löwen wurden von den Kindern der Kindertagesstätte *La Villetta* im Rahmen eines Projektes porträtiert (vgl. Malaguzzi 2002a, 54 ff.)

Die entstandenen Löwenbilder, von denen ein ausgewähltes auf dem Deckblatt der Konzeption zu sehen ist, sind ein Ausdruck für die emotionale Begegnung der Kinder mit den steinernen Löwen

---

[27] Während der erwähnten Führung durch Reggio Emilia zeigten uns die Eltern auch die Basilica di S. Prospero, vor der die steinernen Löwen – das Wahrzeichen der Stadt Reggio Emilia – stehen. Die Eltern erzählten, dass in Reggio Emilia jedes Kind ein Foto von sich besitzt, das es auf dem Löwen sitzend zeigt. Die Eltern sagten, dass sie auch Fotos besitzen, auf denen sie selbst als Kind, auf den Löwen sitzend, zu sehen sind.

Abb. 3: Zeichnung eines Kindes aus der Kindertagesstätte *La Villetta*.

einerseits und andererseits mit der *Kultur des Ortes*, die in der Reggio-Pädagogik erlebbar gemacht wird. Die von den Kindern gemalten Löwenporträts waren auch in der Ausstellung *Die hundert Sprachen der Kinder* zu sehen. Im deutschen Ausstellungskatalog heißt es dazu: „Wenn die Kinder sich dem riesigen steinernen Löwen nähern, der die Kirchenstufen des Marktplatzes schmückt, werden seine äußeren, seine gefühlsmäßigen, seine logischen und historischen Dimensionen, die jahrhundertelang gültig waren, neu definiert. (...) Das Bild, das sich mit viel präziserer Identität nun ergibt, wird durch die Gedanken, Augen, Ohren, Wörter und Hände der Kinder weiterentwickelt (...)" (Ministerium für Bildung, Jugend und Sport des Landes Brandenburg u. a. 1995, 23). Zusammenfassend zur Interpretation des Löwenbildes kann festgehalten werden, dass Kinder, wie Erwachsene, in Reggio Emilia einen emotionalen

Bezug zu den steinernen Löwen der Stadt entwickelt haben. Indem die Kinderzeichnung eines Löwen auf der ersten Seite der Konzeption der Kindertagesstätte *La Villetta* zu sehen ist, wird für den Betrachter zweierlei deutlich: Erstens ist die wunderschöne Zeichnung ein Ausdruck dafür, dass die kindlichen Potenziale in dieser Kindertagesstätte angeregt und gefördert werden. Zweitens zeugt das Porträt des Löwen von einer Pädagogik, die auch die *Kultur des Ortes*[28] berücksichtigt und einbezieht. Gleich auf der zweiten Seite derselben Konzeption ist eine weitere Kinderzeichnung abgedruckt, diesmal vom Gebäude der Kindertagesstätte *La Villetta*, was übersetzt *Kleine Villa* bedeutet. Das Kind hat die Details des alten Hauses liebevoll wiedergegeben, z. B. die vielen halbrunden Fenster, und es hat auch den neueren Vorbau wirklichkeitsnah dargestellt (Abb. 4).

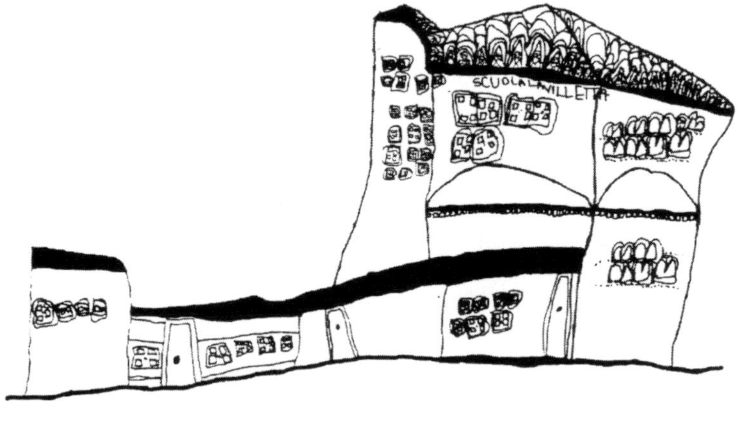

Abb. 4: Zeichnung eines Kindes aus der Kindertagesstätte „La Villetta". ©Municipality of Reggio Emilia – Infant-Toddler Centers and Preschools.

[28] Vgl. zum Aufgreifen der *Kultur des Ortes* in der Reggio-Pädagogik das Projekt *Traubenlese* (vgl. Malaguzzi 2002b, 104 f.).

Darüber hinaus enthält diese Konzeption – wie auch die vier weiteren – sehr unterschiedliche Zeichnungen von Kindern, die ihrem Eindruck von der Kindertagesstätte einen kreativen Ausdruck geben (vgl. Scuola comunale dell'infanzia La Villetta o. J., 4 f., 7, 17; Scuola comunale dell'infanzia Diana o. J., 25; Scuola comunale dell'infanzia Anna Frank o. J., 6; Scuola comunale dell'infanzia Ernesto Balducci o. J., 6; Nido comunale Salvador Allende o. J., 2 f.). Diese Ausführungen können somit belegen, dass den Kindern in den reggianischen Konzeptionen Gelegenheit gegeben wird, ihr subjektives Bild von der Kindertagesstätte in die Gesamtdarstellung einzubringen.

Außer den gemalten Bildern enthalten die Konzeptionen aber auch Wortbeiträge von Kindern, die in vier der fünf Konzeptionen zu finden sind.[29] Nur die Konzeption der Kindertagesstätte *Diana* enthält als einzige keine wörtlichen Wiedergaben von Kindern. Damit nicht der falsche Eindruck entsteht, dass hierin ein Beweis dafür zu sehen sei, diese Kindertagesstätte lasse die Äußerungen von Kindern konzeptionell unbeachtet, sei an dieser Stelle ein kurzer Exkurs zu einem Dokument des Kinderausdrucks, einer Kinderbroschüre, eingeschoben.

Ergänzend zur Konzeption verteilt die Kindertagesstätte *Diana* einen eigens von Kindern für Kinder gemachten *Ratgeber für die Dreijährigen* mit dem Titel *Diana Hopp. Consiglieria per i bimbi di tre anni.* Auf 30 Seiten stellen 26 namentlich genannte Kinder in eigenen Worten und Zeichnungen ihre Kindertagesstätte für die neu aufzunehmenden dreijährigen Kinder ausführlich vor. Die Ausführungen der Kinder reichen thematisch vom Atelier über jeden ein-

---

[29] Vgl. neben den bereits zitierten Wortbeiträgen aus der Krippe *Salvador Allende* Kinderäußerungen in weiteren Konzeptionen (vgl. Scuola comunale dell'infanzia Ernesto Balducci o. J., 5; Scuola comunale dell'infanzia Anna Frank o. J., 7; Scuola comunale dell'infanzia La Villetta, o. J., 6).

zelnen Raum bis hin zur Formulierung von zwölf Kinderrechten für die Kindertagesstätte *Diana* (vgl. Scuola comunale dell'infanzia Diana 1990; Reggio Children 2002c).[30] Das Deckblatt wird von einer Kinderzeichnung, die ein von Blumen umgebenes Zebra darstellt, ausgefüllt.[31]

Die wörtlichen Aussagen von Kindern in reggianischen Konzeptionen können in drei Kategorien unterteilt werden. Die erste Kategorie betrifft Aussagen der Kinder über ihre Kindertagesstätte. Bei der zweiten handelt es sich um Wortbeiträge, die von den Kindern an die neu aufzunehmenden dreijährigen Kinder gerichtet sind. Die dritte Kategorie umfasst die Äußerungen der Kinder in Projekten.

Anhand der Konzeption der Kindertagesstätte *La Villetta* wird nun exemplarisch auf die erste Kategorie der wörtlichen Kinderbeiträge eingegangen. Ein Kind beschreibt das Haus, in dem sich die Kindertagesstätte befindet, mit folgenden Worten: „Die Kindertagesstätte hat die Form eines Hauses, vielleicht ... Es ist das Haus vieler Kinder und deswegen also auch eine Kindertagesstätte. Sie ist nicht gerade neu, sie ist bereits vor einigen Jahren gebaut worden, aber uns gefällt sie, weil sie sehr schön ist und weil sie Fenster wie die eines Schlosses hat. Es gibt nämlich rechteckige und runde Fenster, und auf den Fenstern sind Kinderverzierungen, und so versteht man, dass es sich um eine Kindertagesstätte handelt" (Scuola comunale dell'infanzia La Villetta o. J., 6, Übersetzung d. Verf.). Die Worte dieses Kindes drücken seine Vorstellung von der Kindertagesstätte

---

[30] Es ist im Rahmen dieses Buches nicht möglich die Kinderbroschüre zu besprechen.

[31] Die eingangs erwähnte Tatsache, dass nur die Konzeption der Kindertagesstätte *Diana* keine Kinderzeichnung auf dem Deckblatt enthält, lässt sich mit dem Vorhandensein einer zusätzlichen Kinderbroschüre erklären, auf deren Deckblatt die Kinderzeichnung abgedruckt ist (vgl. Scuola comunale dell'infanzia Diana 1990).

als *Haus der Kinder* aus, legen Zeugnis ab von seiner Wahrnehmungsperspektive und unterstreichen die Wertschätzung, die das Kind der Architektur des alten Gebäudes entgegenbringt. Auch die *imaginäre Sprache* des Kindes kommt zu Wort, denn seiner Meinung nach gleichen die Fenster denen eines Schlosses.[32] Die Beschreibung der Kindertagesstätte durch die Kinder bezieht sich in dieser Konzeption aber nicht allein auf die Architektur des Gebäudes, sondern auch auf die Raumaufteilung. Ein Kind beschreibt das Haus von innen: „Dieses Haus hat eine lange und niedrige Seite, dort befinden sich die dreijährigen Kinder und die Köchinnen. In der nach oben gehenden Seite befinden sich die vierjährigen Kinder, etwas weiter oben die fünfjährigen Kinder und noch weiter oben ist schließlich das Atelier, in dem man schöne Dinge tut und wo auch der Computer steht (...)“ (a. a. O., 6, Übersetzung d. Verf.). Dieses Kind beschreibt treffend die Raumaufteilung der Kindertagesstätte, die aus einem einstöckigen Flachbau und einer alten Villa besteht. Gemeinsam mit der Kinderzeichnung entsteht auf diese Weise ein Bild von der Kindertagesstätte aus der Sicht der Kinder (vgl. a. a. O., 88).

In reggianischen Konzeptionen wenden sich Kinder mit Wortbeiträgen in direkter Anrede an die dreijährigen Kinder, deren Aufnahme in die Kindertagesstätte bevorsteht. Am Beispiel der Konzeption der Kindertagesstätte *La Villetta* kann auch diese zweite Kategorie von Wortbeiträgen der Kinder skizziert werden. Ein Kind beschreibt den weitläufigen Park, der zur Kindertagesstätte gehört: „Aber der Park ist ein besonderer Park, da er zu einem Vergnügungspark für Vögelchen geworden ist. In ihm wohnen Amseln, Rotkehlchen und die Turteltauben, die Mann und Frau sind, manche Katze, und *wenn du*

---

32 Vgl. die Worte eines anderen Kindes, das ein Fenster der Kindertagesstätte *La Villetta* gemalt und in ähnlicher Form beschrieben hat (vgl. a. a. O., 5).

vorsichtig bist, kannst du das Haus des Igelchens entdecken. Der Park ist sehr groß, so dass die Kinder sich richtig ausbreiten können. *Es gibt viele Spiele, wie die Raumstation, die dich in deiner Phantasie herumreisen lassen.* Du kannst dir vorstellen, wie es im Weltall, auf dem Meer, auf einem Fluß ist, oder wie es ist, als Vögelchen zu leben (Herv. v. d. Verf.)“ (a. a. O., 6, Übersetzung d. Verf.). Das Kind richtet sich direkt an ein neu aufzunehmendes Kind. Es nimmt die zukünftige Anwesenheit des Kindes schon einmal vorweg und spricht im Präsens von den schönen Dingen, die das neue Kind in der Kindertagesstätte vorfinden und erleben wird. Das Kind hat eine subjektive Auswahl aus den vielen Möglichkeiten getroffen, die sich ihm in der Kindertagesstätte bieten. Es beschreibt seinen Lieblingsort, den Park. Dieser wurde im Rahmen eines Projektes in einen *Vergnügungspark für Vögelchen* und Kinder umgestaltet.[33] Das Kind weist auf besondere Dinge, wie das *Haus des Igelchens*, hin, deren Entdeckung es dem neuen Kind vorschlägt. Mit seinem Wortbeitrag wendet es sich in einer direkten und kindgemäßen Art an die neuen Kinder. Es findet Worte, die aus seiner Kindersprache stammen, und erzählt von phantasiereichen Spielen, die sicherlich die Vorfreude neuer Kinder auf die Kindertagesstätte wecken können. Diese direkt an neu hinzukommende Kinder gerichtete Anrede veranschaulicht, dass in der Reggio-Pädagogik auch im Rahmen von Selbstdarstellungen der Kindertagesstätten das Recht der Kinder geachtet wird, aktiv ihre Identität, ihre Autonomie und ihre Kompetenz zu entwickeln.[34] So wird in diesem Beispiel dem besagten Kind das Recht zugesprochen, mit seinen eigenen Worten und aus seiner

[33] Die von den Kindern für die Vögel benutzte Diminutivform (*Vögelchen)* wurde nicht in der deutschsprachigen Veröffentlichung verwandt (vgl. Reggio Children 1998c).

[34] Es finden sich weitere Beispiele direkter Anreden an die neuen Kinder in den Konzeptionen (vgl. Scuola comunale dell'infanzia Anna Frank o. J., 7; Scuola comunale dell'infanzia Ernesto Balducci o. J., 7).

subjektiven Wahrnehmung heraus über die Kindertagesstätte zu berichten.

Außer den bereits genannten Wortbeiträgen der Kinder zur Kindertagesstätte und der direkten Anrede an neu hinzukommende Kinder enthalten die reggianischen Konzeptionen eine dritte Kategorie von Wortbeiträgen. Diese bezieht sich auf Kinderäußerungen, die im Rahmen durchgeführter Projekte entstanden sind.

Ein Beispiel für diese Kategorie enthält die Konzeption der Kindertagesstätte *La Villetta*. Dort ist der folgende Dialog von fünf Kindern abgedruckt: „Simone: He, Kinder! Und wenn wir einen Vergnügungspark für die Vögelchen machten? Filippo: Ja, komm, den machen wir. Aber auch für Katzen, Mäuse und ... Fledermäuse. Andrea: He, machen wir auch Karusselle? Elisa: Ein Hexenschloß? Tiziano: Die Kasse für die Vögelchen, die eintreten wollen. Andrea: Der Vergnügungspark bringt so viel Freude für die Kinder und auch für die Vögelchen. Vielleicht vergnügen sie sich jetzt schon. Sie haben unsere Stimmen gehört, die von ihnen sprachen und haben sich bestimmt gesagt: Welch schöne Idee haben die Kinder gehabt!" (Scuola comunale dell'infanzia La Villetta o. J., 8, Übersetzung d. Verf.). Dieser Dialog ist ein eindrucksvolles Beispiel für Wortbeiträge der Kinder, die aus Projekten resultieren. Zeigt er doch einerseits, dass sich die Wertschätzung der Rechte und der Potenziale von Kindern in der Veröffentlichung ihrer phantasiereichen Ideen in einer Gesamtdarstellung der Kindertagesstätte objektiviert. Andererseits drücken die Worte des Jungen ein großes Selbstbewusstsein aus, denn er glaubt fest an seine schöne Idee, wie das Zitat belegt. Das Selbstbewusstsein der Kinder wird durch solche Veröffentlichungen gestärkt. Wortbeiträge von Kindern zu Projektthemen finden sich auch in Konzeptionen anderer Kindertagesstätten (vgl. Scuola comunale dell'infanzia Anna Frank o. J., 12 f.; Scuola comunale dell'infanzia Ernesto Balducci o. J., 8 f.).

In diesem Abschnitt wurde gezeigt, dass in reggianischen Konzeptionen den Kindern vielfältige und umfangreiche Gelegenheit gegeben wird, sich in kindgemäßer Form an der bildlichen und schriftlichen Selbstdarstellung der Einrichtung zu beteiligen. Die Interpretation der Kinderzeichnungen veranschaulicht, dass nicht nur Werke jener Kinder veröffentlicht werden, deren Malentwicklung weiter fortgeschritten ist, sondern auch Bilder sehr junger Kinder, deren graphische Produktionen sich auf den ersten Blick ihrem Bedeutungsgehalt nach nicht entschlüsseln lassen. Die Konzeption der Krippe *Salvador Allende* illustriert darüber hinaus, dass eine reggianische Einrichtung sogar ein Kinderbild im sogenannten Kritzelstadium dadurch würdigt, dass sie es als Logo für das Deckblatt ihrer Selbstdarstellung gewählt hat. Die Wortbeiträge in den fünf untersuchten Konzeptionen enthalten die für Kinder subjektiv bedeutsamen Aspekte der Kindertagesstätte. Dabei nimmt die Beschreibung der Gebäude und der Gärten der Kindertagesstätten einen großen Raum ein. Weiterhin sprechen die Kinder über ihre Ideen und Aktivitäten im Rahmen von Projekten, und diese Äußerungen werden in den Konzeptionen in der authentischen Sprache der Kinder wiedergegeben. Die in drei Kategorien unterteilten Beiträge der Kinder werden in den Konzeptionen jeweils durch abgedruckte Kinderzeichnungen illustriert.[35] In einem nächsten Schritt geht es darum, die Beiträge der Erzieherinnen zu betrachten und sie mit denen der Kinder zu vergleichen.

---

[35] Die fünf Konzeptionen enthalten jeweils zwischen 6 und 15 Kinderzeichnungen. Quantitativ überwiegen Zeichnungen aus dem Bereich der Projekte und der Gebäudedarstellung.

4.2 Der Beitrag der Erzieherinnen

In den vorliegenden Konzeptionen sind ebenfalls umfangreiche Text- und Bildbeiträge von Erzieherinnen abgedruckt.[36] Zuerst wird auf die Bildbeiträge von Erzieherinnen eingegangen, die sich in zwei Kategorien unterteilen lassen: Fotografien und Grundrisszeichnungen.

Die fünf Konzeptionen weisen jeweils etwa 30 Fotos auf, wobei teilweise ähnliche Motive fotografiert wurden. So enthalten die Konzeptionen jeweils ein Foto vom Gebäude der Kindertagesstätte, das als eine Ergänzung zu den bereits interpretierten Zeichnungen der Kinder angesehen werden kann.[37] Daneben sind in jeder der fünf Konzeptionen Fotos von Kindern zu sehen. Die Erzieherinnen haben dabei vielfach solche Kinderfotos abgedruckt, die bei Projekten entstanden sind. So enthält die Konzeption der Kindertagesstätte *La Villetta* u. a. elf Fotos von Kindern, die im Rahmen des Projektes *Vergnügungspark für Vögelchen* aufgenommen und später von Reggio Children veröffentlicht wurden. Sie ergänzen auf drei Seiten die im letzten Abschnitt zitierten Wortbeiträge der Kinder (vgl. Scuola comunale dell'infanzia La Villetta o. J., 6, 8f.; Reggio Children 1998c, 26, 74, 107, 110). Die Konzeptionen enthalten ohne Ausnahme Aufnahmen von Festen und Aktivitäten, auf denen sowohl Kinder als auch Eltern und Erzieherinnen abgebildet sind (vgl. Scuo-

---

[36] Die Beiträge von Kindern und Eltern sind überwiegend namentlich gekennzeichnet, während die der Erzieherinnen eine solche Kennzeichnung vermissen lassen. Die Beiträge von Erzieherinnen können jedoch aus dem jeweiligen thematischen Kontext erschlossen werden.

[37] Eine Ausnahme bildet die Konzeption der Kindertagesstätte *Diana* insofern, als es sich bei dem Foto um eine Luftaufnahme handelt, die mehr über die Lage der Institution – sie befindet sich in einem großen Park in der Nähe des Stadttheaters – als über das Gebäude an sich aussagt (vgl. Scuola comunale dell'infanzia Diana o. J., 11).

la comunale dell'infanzia La Villetta o. J., 14; Scuola comunale dell'infanzia Anna Frank o. J., 5; Scuola comunale dell'infanzia Ernesto Balducci o. J., 14; Scuola comunale dell'infanzia Diana o. J., 29; Nido comunale Salvador Allende o. J., 18). Neben diesen Themen zeigen die Fotos aber auch Erwachsene, die unter sich sind und gemeinsam diskutieren oder arbeiten. Auf einem Foto ist zu sehen, wie Erzieherinnen und Eltern in der Kindertagesstätte *Diana* die sogenannte *Verkleidungsschnecke* bauen (vgl. Scuola comunale dell'infanzia Diana o. J., 28; Krieg 1993, 40). Abschließend sei noch darauf hingewiesen, dass in einzelnen Konzeptionen auch Fotos von Erzieherinnen bei Teambesprechungen zu finden sind (vgl. Scuola comunale dell'infanzia Diana o. J., 19). Die Ausführungen verdeutlichen, dass die durch die Erzieherinnen in die Konzeptionen eingebrachten Fotos erheblich zur visuellen Veranschaulichung und Ergänzung der Texte beitragen. Dabei werden die Wortbeiträge der Kinder von den Fotografien der Erzieherinnen illustriert, und umgekehrt können die Fotografien der Erzieherinnen die Wortbeiträge der Kinder bedeutungsmäßig erweitern.

Außer den Fotos sind in sämtlichen Konzeptionen auch von Erzieherinnen angefertigte Grundrisse der Einrichtungen zu sehen, in die zum größten Teil das Mobiliar mit eingezeichnet ist. Mit Hilfe dieser Grundrisse kann der Betrachter die Raumaufteilung präzise nachvollziehen. Im Grundriss der Kindertagesstätte *Diana* ist vom kleinen, nicht überdachten Garten, der sich wie ein römisches Atrium im Inneren der Kindertagesstätte befindet, bis hin zum großen möblierten Atelier jeder Raum maßstabsgetreu eingezeichnet (vgl. a. a. O., 22). In einzelnen Konzeptionen wird der Grundriss sogar noch auf einer zweiten Seite durch Fotos ergänzt. In solch einem Fall führt aus jedem im Grundriss abgebildeten Raum ein Verbindungsstrich zu einem Foto. So wird jeder schematisch im Grundriss dargestellte Raum mit einem Foto verbunden, das Kinder in ebendiesem Raum der Kindertagesstätte spielend zeigt (vgl. Nido comunale Salvador

Allende o. J., 4f.). Die von den Erzieherinnen angefertigten Grundrisse veranschaulichen, dass ihnen die Darstellung der Räumlichkeiten und deren bis ins Detail realistisch gezeichneten Ausstattung subjektiv bedeutsam ist. Diese Bildbeiträge unterscheiden sich sehr von denen der Kinder. Zusammen gesehen, entsteht ein Bild der Kindertagesstätte, das sowohl die für Kinder bedeutsamen Details enthält, z. B. die schlossähnlichen Fenster, als auch jene Details, die Erzieherinnen für ihre Selbstdarstellung der Einrichtung und in Bezug auf ihr pädagogisches Selbstverständnis als wichtig erachten.

Nach der Darstellung der Bildbeiträge werden nun die Textbeiträge der Erzieherinnen dargestellt, wobei eine Unterteilung in drei Kategorien gewählt wurde. Die erste Kategorie betrifft die Darstellung der Organisation der Einrichtung, die in drei von fünf Konzeptionen enthalten ist (vgl. Scuola comunale dell'infanzia La Villetta o. J., 10; Scuola comunale dell'infanzia Anna Frank o. J., 10 f.; Nido comunale Salvador Allende o. J., 12). Bei der zweiten handelt es sich um die Entstehungsgeschichte der Kindertagesstätte, die in vier von fünf Konzeptionen auf etwa einer Seite beschrieben wird (vgl. Scuola comunale dell'infanzia La Villetta o. J., 4; Scuola comunale dell'infanzia Anna Frank o. J., 5; Scuola comunale dell'infanzia Ernesto Balducci o. J., 2 ff.; Nido comunale Salvador Allende o. J., 6). Daneben enthalten die Konzeptionen schriftliche Beiträge zum Thema Partizipation der Eltern. Diese dritte Kategorie von Textbeiträgen der Erzieherinnen ist in vier von fünf Konzeptionen zu finden (vgl. Scuola comunale dell'infanzia La Villetta, o. J., 12 ff.; Scuola comunale dell'infanzia Anna Frank o. J., 16 f.; Scuola comunale dell'infanzia Ernesto Balducci o. J., 11 f.; Scuola comunale dell'infanzia Diana o. J., 28). Am Beispiel der Konzeption der Kindertagesstätte *La Villetta* wird nun die erste Kategorie von Textbeiträgen zur Organisation vorgestellt.

Die Organisation der Kindertagesstätte *La Villetta* wird von den Erzieherinnen auf einer ganzen Seite beschrieben. Aus dieser Beschreibung gehen zum einen die das Personal betreffenden Fakten hervor. In dieser dreigruppigen Einrichtung arbeiten demnach neben den sechs Gruppenerzieherinnen u. a. noch eine Atelierleiterin (vgl. Scuola comunale dell'infanzia La Villetta o. J., 10). Zum anderen wird die Arbeitszeit der Erzieherinnen nach Tätigkeiten aufgeschlüsselt angegeben. So sind von den 36 wöchentlichen Arbeitsstunden jeweils 30 für die Arbeit mit den Kindern und 6 für die sonstigen Tätigkeiten, z. B. für die Begegnung mit den Eltern, vorgesehen (vgl. ebd.).

Die Erzieherinnen weisen in diesem Beitrag zur Konzeption also auf die organisatorischen Strukturen hin, die ihrer Arbeit zugrunde liegen und die sie zum Teil mit geschaffen haben. Ein Beispiel mag dies verdeutlichen: Die Erzieherinnen geben auch die jährlichen Ferienzeiten der Kindertagesstätte in der Konzeption bekannt. Unter der Überschrift *Jahreskalender des Personals* weisen sie in diesem Zusammenhang darauf hin, dass in jedem Jahr zwei Wochen lang das gesamte Personal ohne die Kinder im Dienst ist, um u. a. auch Zeit zu haben für die „Begegnungen mit den neuen Familien“ (ebd., Übersetzung d. Verf.). Aus diesem Beitrag können die jährlich neu hinzukommenden Eltern ersehen, dass die Erzieherinnen für die Zusammenarbeit mit ihnen ein Zeitkontingent vorgesehen und reserviert haben.

Die Textbeiträge dieser ersten Kategorie weisen auf die den Erzieherinnen wichtigen Elemente der Arbeit hin. Sie lassen die Eltern wissen, dass zum Personal z. B. auch eine Atelierleiterin gehört. Die Texte werden gleichzeitig durch die oben genannten Bildbeiträge, z. B. die Darstellung des Ateliers im Grundriss, um wichtige Informationen ergänzt. Die bisherigen Ausführungen verdeutlichen, dass die Konzeption der Kindertagesstätte *La Villetta* nicht nur von Kindern, Erzieherinnen und Eltern gemeinsam erstellt wurde, sondern dass sie sich auch mit speziellen Beiträgen sowohl an Kinder als auch an Eltern richtet.

Als zweite Kategorie von Texten der Erzieherinnen finden sich in vier der untersuchten Konzeptionen Beiträge zur Entstehungsgeschichte der Kindertagesstätte. Exemplarisch wird nun auf die Darstellungsweise der Entstehungsgeschichte der Kindertagesstätte *La Villetta* aus der Sicht der Erzieherinnen eingegangen. Sie schreiben über die Anfangszeit: „Im Stadtviertel *Ospizio* gründet sich Ende des Jahres 1968 ein Eltern- und Bürgerausschuß, der den Bau einer Kindertagesstätte im Viertel vorschlägt. Der Ausschuß organisiert sich in originell-kämpferischen Formen und bestimmt das Haus Nr. 93 in der *Emilia-Ospizio*-Straße (...) als für diesen Zweck geeignetes Gebäude. (...) Zwei Jahre lang organisiert der Ausschuß Versammlungen, öffentliche Kundgebungen und Delegationen, die das Anliegen an alle Autoritäten der Stadt und bis nach Rom an die zuständigen Ministerien und das italienische Parlament herantragen. Im Frühjahr 1969, nach lauter erfolglos gebliebenen Versuchen, wird das Gebäude besetzt, und (...) eine selbstverwaltete Kindertagesstätte für 40 Kinder gegründet" (a. a. O., 4, Übersetzung d. Verf.). Dieses Zitat enthält einige für die Selbstdarstellung der Erzieherinnen der Kindertagesstätte *La Villetta* bedeutsame Details. Sie stellen heraus, dass die Kindertagesstätte aus einer Initiative hervorgegangen ist, die sowohl von Eltern als auch von Bürgern getragen wurde, und dass die Beteiligung von Eltern und Bürgern in der Kindertagesstätte *La Villetta* historisch gewachsen ist. Diese Tatsache ist für die Selbstdarstellung der Erzieherinnen so wichtig, dass sie auch noch 30 Jahre nach den oben genannten Ereignissen einen großen Raum innerhalb der Konzeption einnimmt und charakteristischerweise im Präsens formuliert wird. Die Erzieherinnen weisen durch diesen Text auf die für sie selbst subjektiv bedeutsamen Ursprünge der Einrichtung hin, nämlich auf den politischen Hintergrund der Besetzung des Gebäudes und die anschließende Gründung einer Kindertagesstätte durch Eltern und Bürger. An dieser Stelle sei noch einmal an die Wortbeiträge der Kinder aus derselben Einrichtung erinnert. Im Unterschied zu den Erzieherinnen derselben Kindertagesstätte rangieren bei den Kindern der Park und die durchgeführten Projekte an oberster Stelle der Bedeutsamkeitshierarchie. Zusammen betrachtet, sind der weitläufige Park mit dem *Haus des Igelchens* und der Text des Eltern- und Bürgerausschusses zwei Facetten einer Einrichtungsdarstellung, die zwar grundlegend verschieden sind, aber in ihrer Verschiedenheit gleichwertig zu ein und derselben Selbstdarstellung gehören.

Die dritte Kategorie von Textbeiträgen der Erzieherinnen zum Thema Partizipation nimmt in den vorliegenden Konzeptionen jeweils mindestens zwei Seiten ein und ist damit, vom Textumfang her gesehen, quantitativ der größte Beitrag.[38] Anhand der Konzeption der Kindertagesstätte *La Villetta* wird nun diese Kategorie vorgestellt. Das Thema Partizipation wird von den Erzieherinnen in vier Themenbereiche aufgeteilt: Partizipation, Leitungsrat, Ausschüsse und Begegnungen mit den Familien. Der zweiseitige Beitrag zum Thema Partizipation wird eingeleitet durch eine Definition des Begriffes Partizipation, die aus der Satzung der kommunalen Kindertagesstätten, dem sogenannten *regolamento*, stammt. Es heißt dort, das Verständnis von Erziehung und Elternmitwirkung seitens der Erzieherinnen betreffend: „Die Kindererziehung ist eine Aufgabe der Familie, der Erziehungseinrichtung, der Gesellschaft und erfordert als solche Solidarität und Antworten kollektiver anstatt individueller Art. (...) Die Mitwirkung ist die organisierte und kulturelle Form, durch die die Gesamtheit der demokratischen Prozesse, der gegenseitigen Verantwortung, der Ergründung von Problemen und der Entschei-

---

[38] Eine Ausnahme bildet die Konzeption der Krippe *Salvador Allende*, da hier das Thema Partizipation ausschließlich durch die Eltern vorgestellt wird (vgl. Nido comunale Salvador Allende o. J., 14f.).

dungsfreiheit wieder übernommen wird, die zu jeder Einrichtung gehört" (Scuola comunale dell'infanzia La Villetta o. J., 12, Übersetzung d. Verf.). Die Erzieherinnen vermitteln hier einerseits ihr Verständnis von Erziehung als gemeinschaftliche Aufgabe von Kindertagesstätte, Eltern und Gesellschaft. Andererseits wird die Partizipation als Organisationsform beschrieben, durch die der Anspruch einer gemeinsam getragenen Verantwortung für die Erziehung der Kinder realisiert wird. In drei weiteren der vorliegenden Konzeptionen sind ebenfalls allgemeine Ausführungen zum Partizipationsverständnis der Erzieherinnen enthalten (vgl. Scuola comunale dell'infanzia Anna Frank o. J., 16; Scuola comunale dell'infanzia Ernesto Balducci o. J., 11; Scuola comunale dell'infanzia Diana o. J., 28).

Neben diesen Ausführungen beschreiben die Erzieherinnen der Kindertagesstätte *La Villetta* in einem Abschnitt mit der Überschrift *Il consiglio di gestione* auch konkret die Zusammensetzung und die Aufgaben des *Leitungsrates*. Detailliert weisen sie auf die Wahlmodalitäten, die Zusammensetzung und die jährliche Anzahl der Treffen des Leitungsrates hin. Sie unterscheiden darüber hinaus zwischen Ausschüssen, die sich mit praktisch-funktionalen Aufgaben, und solchen, die sich mit planerisch-reflexiven Aufgaben beschäftigen (vgl. Scuola comunale dell'infanzia La Villetta o. J., 12). An dieser Stelle ist ein Vergleich mit den Konzeptionen der Kindertagesstätten *Anna Frank* und *Ernesto Balducci* aufschlussreich. Unter derselben Überschrift *Il consiglio di gestione* finden sich auch hier Ausführungen über Zusammensetzung und Aufgabenspektrum des *Leitungsrates*. Hierin drückt sich die Verbindlichkeit der für die Partizipation gewählten Form aus.

Die Erzieherinnen beschreiben in den oben genannten Konzeptionen auch noch die einzelnen Ausschüsse des Leitungsrates.[39] In der Konzeption der Kindertagesstätte *La Villetta* werden drei verschiedene Ausschüsse benannt: der Einrichtungs-, der Didaktik- und der Austausch-Ausschuss. Die Erzieherinnen führen aus: „Die Ausschüsse rufen sich selbst zusammen und legen die für ihre Arbeit zweckmäßigsten Modalitäten der Begegnung selbst fest" (Scuola comunale dell'infanzia La Villetta o. J., 12, Übersetzung d. Verf.). Die Erzieherinnen legen an dieser Stelle Wert darauf, die Selbstorganisation innerhalb der Ausschüsse und damit die demokratischen Prinzipien zu betonen.

Daneben wird den *Formen der Begegnungen mit den Familien* eine eigene Seite in der Konzeption gewidmet. Die Erzieherinnen der Kindertagesstätte *La Villetta* beschreiben drei Formen der Begegnungen. Als erste Form wird die Begegnung von Erzieherinnen und Eltern einer Gruppe beschrieben. Inhaltlich heißt es dazu: „Die Begegnung der Gruppe ist von grundlegender Bedeutung für das Leben der Kindertagesstätte und als Begegnung der Erwachsenen zu sehen; Erzieherinnen und Eltern vergleichen Themen und Projekte miteinander, die das Leben der jeweiligen Gruppe betreffen, mit den eigenen Kulturen, Theorien und Wissensbereichen" (Scuola comunale dell'infanzia La Villetta o. J, 13, Übersetzung d. Verf.). Diese Ausführungen weisen auf die große Bedeutung hin, die den Begegnungen mit den Eltern einer Gruppe von Seiten der Erzieherinnen gegeben wird. Sie wünschen sich einen Austausch mit den Eltern hinsichtlich des Gruppenlebens und betonen die Wichtigkeit eines Dialogs mit den Eltern, in den Letztere ihre eigenen Kulturen und Sichtweisen einbringen. Eine weitere Form der Begegnung wird von den Erzieherinnen als *Arbeitsbegegnungen* beschrieben, bei denen

[39] Vgl. z. B. die Ausführungen über den Kultur-Ausschuss (vgl. Scuola comunale dell'infanzia Anna Frank o. J., 18).

die Eltern sich aktiv an der Vorbereitung von Festen oder an der Herstellung von Material für die Kinder beteiligen (vgl. ebd.). Als dritte Form führen die Erzieherinnen die Begegnungen mit den Eltern bei *Festen und Vergnügungen* auf. Sie nennen auch regelmäßig wiederkehrende Anlässe, etwa am Beginn und am Ende eines jeden Kindergartenjahres. Diese als Feste gestalteten Anlässe zielen auf das Knüpfen von Freundschaftsbeziehungen zwischen Kindern, Erzieherinnen, Eltern, Geschwistern und Großeltern (vgl. ebd.).

Zusammenfassend ist festzuhalten, dass die Thematik der Partizipation der Eltern in den schriftlichen Äußerungen der Erzieherinnen, quantitativ gesehen, einen doppelt so großen Umfang einnimmt wie die Thematik der Entstehungsgeschichte. Die Erzieherinnen unterstreichen durch Quantität und Qualität ihrer Textbeiträge die Wichtigkeit der Partizipation von Eltern als ein unersetzliches Element innerhalb der Erziehungsaufgabe. In der Konzeption der Kindertagesstätte *Diana* heißt es dazu: „Die Elternbeteiligung ist einer der wichtigsten Punkte des erzieherischen Konzeptes und der Praxis der Kindertagesstätte *Diana* – durch die Schaffung eines dreifachen Fokus': Kinder, Erzieherinnen und Eltern, der die Basis unserer Arbeit ist" (Scuola comunale dell'infanzia Diana o. J., 28, Übersetzung d. Verf.).

4.3 Der Beitrag der Eltern

Im letzten Abschnitt wurden die Konzeptionen hinsichtlich der Partizipation von Eltern aus der Sicht der Erzieherinnen dargestellt. Wie sehen aber die Eltern selbst ihre Partizipationsmöglichkeiten in den Kindertagesstätten? Diese Frage wird nun anhand von Beiträgen reggianischer Eltern in Konzeptionen beantwortet.

Die Konzeption der Krippe *Salvador Allende* enthält Artikel zur Thematik der Partizipation von Eltern, die von Vätern und Müttern selbst geschrieben wurden. Eine Mutter, deren beide Töchter die Krippe besuchten, beschreibt ihre jahrelangen Erfahrungen wie folgt: „Die Möglichkeit, uns außer in jenen kurzen Momenten, in denen wir unsere Kinder hinbringen und abholen, mit Erzieherinnen und anderen Eltern treffen zu können, ist eine wunderbare Gelegenheit zur persönlichen Bereicherung. Die Arbeitsabende, die manchmal dem Herstellen von Objekten oder Einrichtungsgegenständen für die Krippe gewidmet sind, die Diskussionsgruppen, in denen wir über wichtige Fragen sprechen und versuchen, Lösungen auch in der großen Gruppe zu finden, und die Arbeit des Leitungsrates und die sich ergebenden Projekte, die sie hervorbringen – all das lässt dich wirklich fühlen, dass du ein Teil der Krippe bist (...)" (Nido comunale Salvador Allende o. J., 14, Übersetzung d. Verf.). Dieser Erfahrungsbericht thematisiert unterschiedliche Aspekte der Partizipation. Einerseits betont die Mutter den zeitlichen Umfang der Begegnungen mit den Erzieherinnen und anderen Eltern, der weit über die kurzen Gespräche beim Hinbringen und Abholen der Kinder hinausgeht. Andererseits werden diese Begegnungen von ihr als eine persönliche Bereicherung empfunden. Sie beschreibt verschiedene Aktivitäten, vom praktischen Herstellen eines Einrichtungsgegenstandes bis hin zur abstrakten Diskussion über Erziehungsfragen, die es ihr ermöglichten, sich aktiv in der Krippe zu beteiligen. Die Partizipation wird von dieser Mutter nicht allein als eine positive Einflussmöglichkeit bewertet, sondern sie lässt auch in ihr ein Gefühl der Zugehörigkeit aufkommen. Indem sie von ihrem Recht auf Partizipation Gebrauch macht, erfährt sie sich als einen Teil der Krippe. Diese Mutter hat unter die Ausführungen handschriftlich ihren Namen gesetzt, wodurch die persönliche Bedeutung ihrer Aussage unterstrichen wird.

In der Konzeption lassen sich insgesamt noch drei weitere Artikel von Eltern finden, deren Kinder die Krippe besucht haben. Davon ist der Text eines Elternteils in einem sehr persönlichen Stil verfasst, worauf nun näher eingegangen wird. Ein Vater zweier Kinder beschreibt zuerst seine Gefühle von Angst, Schuld und Unruhe, die ihn bewegten, als er sein neun Monate altes Erstgeborenes in die Krippe gab (vgl. a. a. O., 16). Dann berichtet er in der Ich-Form über die zurückliegenden Erfahrungen, die einerseits seine Kinder und andererseits er selbst in der Krippe gemacht haben: „Ich bin der Vater von Alessandro und Ambra, die beide in der Krippe Allende gewesen sind. (...) Heute kann ich bestätigen, dass die Krippe eine Entwicklungserfahrung von enormem Wert für sie ist. Und nicht nur für sie, sondern auch für die Eltern, die durch die vielen Möglichkeiten, die ihnen offenstehen, die Chance haben, kontinuierlich an der Entwicklung ihrer Kinder teilzuhaben und sich zu beteiligen“ (ebd., Übersetzung d. Verf.). Ebenso wie die oben genannte Mutter thematisiert dieser Vater nicht nur die Partizipation an sich, sondern lässt auch die emotionale Bedeutung, die sie für ihn hat, mit in den Text einfließen. Er spricht der Krippen-Erfahrung einen großen Wert für die Entwicklung seiner Kinder, aber auch für seine eigene Entwicklung als Vater zu. Hier sei noch einmal an die Textbeiträge der Erzieherinnen erinnert. Indem der Vater seine Erfahrungen bewertet, erweitert seine Darstellung die Ausführungen der Erzieherinnen zum Thema Partizipation um eine persönliche und individuelle Dimension. Neu hinzukommende Eltern erfahren so einerseits von den Erzieherinnen, welche Partizipationsmöglichkeiten ihnen die Kindertagesstätte eröffnet, und durch die Eltern erfahren sie andererseits, welche subjektiv-emotionale Bedeutung andere Mütter und Väter der gelebten Partizipation konkret beimessen.

An dieser Stelle lässt sich eine Parallele zu den Wortbeiträgen der Kinder ziehen, die an die neu aufzunehmenden Kinder gerichtet sind. Darin lässt sich ebenfalls eine subjektive Bewertung der Kindertagesstätte ablesen. Durch die Beschreibung des Parks mit seinen vielfältigen Möglichkeiten wird sicherlich die Neugierde auf die Kindertagesstätte bei neu hinzukommenden Kindern geweckt, deren Eltern ihnen diese Beschreibung vorlesen. Ähnlich verhält es sich mit dem Text des Vaters. Indem er seine negativen Gefühle zum Ausdruck bringt, die ihn vor der Aufnahme seines Kindes bewegten, und sie in einen Zusammenhang mit seinen späteren positiven Erfahrungen in der Krippe stellt, macht er neuen Eltern Mut, sich auf die Krippe und ihre Partizipationsmöglichkeiten einzulassen. Er konnte bereits Erfahrungen mit der Partizipation in der Krippe machen und dadurch das Gefühl gewinnen, an der Entwicklung seiner Kinder beteiligt zu sein, die er einer solchen Institution anvertraut hat.

Der Artikel einer Mutter, die Mitglied im Leitungsrat ist, kann die Ausführungen vertiefen. Sie beginnt ihren Erfahrungsbericht damit, dass sie sich und ihr Kind namentlich vorstellt. Danach bewertet diese Mutter ihre vier Jahre umfassenden Erfahrungen, die sie als Mitglied des Leitungsrates zuerst in der Krippe und anschließend in der Kindertagesstätte gesammelt hat, wie folgt: „Die Krippe zu besuchen war für unsere Familie sehr wichtig. Sie bezog uns in persönlicher, erzieherischer und sozialer Hinsicht völlig ein. (...) Als Elternteil fühlt man, dass man ein fundamentaler Teil der ganzen Struktur ist, dass die eigenen Beiträge Wertschätzung finden, und dass es eine wirkliche Beteiligung bei der Planung und Verwirklichung von Projekten gibt“ (ebd., Übersetzung d. Verf.). Dieser Text vermittelt – wie bereits die beiden anderen – eine Partizipationserfahrung, die so nur die Eltern selbst formulieren können. Sie bewerten die Partizipation als wertvolle Möglichkeit, ein Teil der Krippe zu werden und damit real an der Erziehung ihrer Kinder beteiligt zu sein. So leisten sie einen eigenständigen und unverwechselbaren Beitrag zu den Konzeptionen.

Ein Beispiel aus der Konzeption der Kindertagesstätte *Ernesto Balducci* hilft, das bisher Gesagte weiter zu veranschaulichen. Auf einer Seite dieser Selbstdarstellung sind die Beiträge der drei Systeme Kinder, Erzieherinnen und Eltern zum Thema Partizipation zusammen abgedruckt. Zuerst kommt Paola Cagliari als Mitarbeiterin der Kindertagesstätte zu Wort. Sie äußert sich folgendermaßen über ihr Partizipationsverständnis: „Das Wesentliche der Beteiligung umfasst also GEMEINSAME FORSCHUNG, nicht nur bezogen darauf, wie man sein Kind erzieht, sondern auch allgemeiner in Bezug auf den Sinn und die Bedeutung unseres Mann- und Frau-, Erwachsen- und Kindseins (...)" (Scuola comunale dell'infanzia Ernesto Balducci o. J., 11, Übersetzung d. Verf.). Auf diese theoretischen Ausführungen folgt der Beitrag von Piero Nasuti, Vater einer vierjährigen Tochter. Er schreibt: „Es ist eine Erfahrung voller Gefühle und Handlungen, die uns befähigt, unsere Kinder und uns selbst als Eltern zu erforschen und kennenzulernen (...)" (ebd., Übersetzung d. Verf.). In seinen Worten drückt sich die subjektive und mit Gefühlswerten versehene Erfahrung aus, die er bei der Partizipation gemacht hat. Und was sagt ein Kind dieser Kindertagesstätte zur Partizipation? Der fünfjährige Marco Gaddi äußert: „(Treffen sind) wichtige Dinge, wohin die Kinder nicht gehen können, nur Mütter und Väter (...). Aber wir haben auch Treffen am Morgen, und wir sagen Sachen, die uns lachen lassen, und das tun wir auch (...) jeden Tag" (ebd., Übersetzung d. Verf.). Er weiß, dass die Zusammenkunft der Erwachsenen bedeutsam ist, und stellt heraus, dass die Kinder zwar nicht an ihnen teilnehmen können, aber dass sie dafür eine andere, eigene Art von Treffen haben. So zieht er mit seinen Äußerungen eine Parallele zwischen den Erwachsenen und den Kindern.

Bei diesem Beispiel aus der Konzeption der Kindertagesstätte *Ernesto Balducci* ist noch ergänzend herauszustellen, dass die drei Beiträge von Kind, Erzieherin und einem Elternteil nicht nur auf einer Seite abgedruckt sind, sondern dass sich zur Veranschaulichung zusätzlich auch noch Fotos jeweils auf der Höhe der Texte befinden. So ist neben den Worten von Paola Cagliari ein Foto mit einer Gruppe von Erzieherinnen zu sehen, die bei einer Teambesprechung um einen großen Tisch herum versammelt sitzen. Auf Höhe des Elternbeitrags von Piero Nasuti zeigt ein Foto mehrere Eltern, die sich handwerklich in der Kindertagesstätte betätigen. Neben Marcos Beitrag zeigt ein Foto zwei mit Ton modellierende Kinder. Diese Kombination sprachlicher und visueller Eindrücke vermittelt dem Betrachter einerseits eine ganzheitliche Vorstellung von der Kindertagesstätte. Andererseits ist in den auf einer Seite versammelten Beiträgen von Erzieherin, Vater und Kind die Selbstdarstellung einer Einrichtung zu sehen, die jedem *Hauptdarsteller* des Erziehungsprozesses seinen eigenen und subjektiven Ausdruck zugesteht. Zusammenfassend ist festzuhalten, dass sich die Kooperation der drei Systeme Kinder, Erzieherinnen und Eltern in den jeweiligen Konzeptionen der Kindertagesstätten deutlich objektiviert.

5. Schlussbetrachtung

Im Rahmen des vorliegenden Buches wurde das Sozialaggregat, verstanden als die drei für die Reggio-Pädagogik konstitutiven und in wechselseitiger Beeinflussung stehenden Systeme, untersucht. Es konnte gezeigt werden, dass die einzelnen Systeme und ihre Wirkungszusammenhänge von grundlegender Bedeutung für die Reggio-Pädagogik sind. Unter Rückgriff auf die bisherigen Ausführungen lässt sich Folgendes festhalten: Im Mittelpunkt der Reggio-Pädagogik steht das Kind als kompetentes Wesen, das interaktiv durch sich und in der Gemeinschaft mit den anderen Kindern sein Wissen selbst konstruiert. Seine Erziehung vollzieht sich in einer Gemeinschaft, deren weitere *Hauptdarsteller* die Erzieherinnen und die Eltern sind. Das Kind benötigt bei seinen Selbst-Lern-Prozessen sowohl kompetente Erzieherinnen als auch kompetente Eltern. Die kompetente Erzieherin sieht ihre Aufgabe darin, dem Kind als Wegbegleiterin und Zeugin zu *assistieren*. Die kompetenten Eltern hingegen bringen in den gemeinschaftlichen Erziehungsprozess sowohl ihr elterliches als auch ihr persönliches Wissen ein. Es konnte gezeigt werden, dass die Reggio-Pädagogik auf der theoretischen Ebene von drei Kompetenzen ausgeht und dass sie diese in der Praxis fördert, erbittet und nutzt. Die vorliegenden Ausführungen weisen darauf hin, dass die drei Systeme Kinder, Erzieherinnen und Eltern mit spezifischen Kompetenzen ausgestattet sind, die in der Reggio-Pädagogik gezielt miteinander verbunden werden. Auf diese Weise werden zusätzliche Wirkungszusammenhänge gestiftet, die eine Verstärkung der einzelnen Kompetenzen bewirken. Aufgrund dieser Kompetenzen wird jedem System das Recht auf aktive Beteiligung am Erziehungsprozess theoretisch zugesprochen. Die Reggio-Pädagogik hat aber auch Formen der Partizipation für Kinder, Erzieherinnen und Eltern entwickelt, die eine Umsetzung der Rechte in die Praxis ermöglichen. Die Ausführungen im Kapitel zur Partizipation zeigten, dass der Anspruch, Erziehung als *gemeinschaftliche Aufgabe* zu realisieren, durch die *kollektive Leitungsform* in der Praxis eingelöst wird. Die Betrachtung der Konzeptionen reggianischer Einrichtungen ließ deutlich werden, dass die Partizipation von Kindern und Eltern die Selbstdarstellung der Kindertagesstätten und Krippen bereichert. Im Zusammenspiel der Beiträge von Kindern, Erzieherinnen und Eltern spiegeln sich einerseits die vielen Facetten subjektiver Bedeutsamkeit wider, und andererseits entsteht so eine ganzheitliche Selbstdarstellung der Kindertagesstätte. Die Wirkungszusammenhänge der drei Systeme zeigten sich auch deutlich im Bereich der Konzeptionen. Ohne die erklärenden Texte der Erzieherinnen wäre das Verständnis für die Kinderzeichnungen erschwert; fehlten sie aber, wäre das Bild von der Einrichtung unvollständig. Die Textbeiträge der Erzieherinnen und der Eltern bilden jeweils ein weiteres unersetzliches Element. Die inhaltliche Analyse der Konzeptionen konnte schließlich belegen, dass sich die Reggio-Pädagogik erfolgreich bemüht, ihren theoretischen Anspruch von Erziehung als partizipatorisch-gemeinschaftlichem Prozess in die Praxis umzusetzen.

6. Literaturverzeichnis

Bernhardt, Dagmar/Henke, Martin: Gäste aus Italien. In: Projektgruppe Reggio/Hamburg (Hrsg.): Wenn das Auge über die Mauer springt. Hamburger Dokumentation. Hamburg, 1990, S. 152-154

Bertani, Eletta: Kommunalpolitischer Beitrag aus Reggio Emilia. In: Projektgruppe Reggio/Hamburg (Hrsg.): Wenn das Auge über die Mauer springt. Hamburger Dokumentation. Hamburg, 1990, S. 29-31

Castagnetti, Marina: Vortrag am 3. 11. 1997 in Reggio Emilia (eigene Mitschrift). Reggio Emilia, 1997

Castagnetti, Marina: Das Abenteuer Erkenntnis. In: Reggio Children (Hrsg.): Schuh und Meter. Wie Kinder im Kindergarten lernen. Weinheim, Berlin, Basel, 2002, S. 90-93

Davoli, Mara: Arbeitsgruppe 2: Die Rolle der Ateliers in den kommunalen Kindergärten und Krippen in Reggio Emilia – Beispiele aus der Atelierarbeit. In: Projektgruppe Reggio/Hamburg (Hrsg.): Wenn das Auge über die Mauer springt. Hamburger Dokumentation. Hamburg, 1990, S. 82-99

Dreier, Annette: Was tut der Wind, wenn er nicht weht? Begegnungen mit der Kleinkindpädagogik in Reggio Emilia. Berlin, 1993

Dreier, Annette: Reggio-Pädagogik. Analyse und Interpretation einer Konzeption vorschulischer Bildung (unveröffentlichte Dissertation). Berlin, 1994

Dreier, Annette: Kinder und Erwachsene forschen gemeinsam. Zum Fortbildungskonzept der Reggio-Pädagogik. In: Göhlich, Michael (Hrsg.): Offener Unterricht. Community Education. Alternativschulpädagogik. Reggiopädagogik. Die neuen Reformpädagogiken. Geschichte, Konzeption, Praxis. Weinheim, 1997a, S. 202-208

Dreier, Annette: Wenn Wände sprechen. Planung und Dokumentation als Elemente einer qualifizierten Vorschulpraxis. In: Welt des Kindes 2/1997b, S. 12-16

Giacopini, Elena: Vortrag am 21. 2. 1997 auf der Didakta (eigene Mitschrift). Düsseldorf, 1997

Giacopini, Elena: Das Recht auf Selbstverwirklichung. Erfahrungen der Jungen und Mädchen aus Reggio Emilia. In: Klein und Groß 1/1998, S. 19-23

Göhlich, Michael: Reggiopädagogik – Innovative Pädagogik heute. Zur Theorie und Praxis der kommunalen Kindertagesstätten von Reggio Emilia. Frankfurt, 1995

Hermann, Gisela u. a.: Das Auge schläft, bis es der Geist mit einer Frage weckt. Krippen und Kindergärten in Reggio Emilia. Berlin, 1984

Jobst, Sabine: Inklusive Reggio-Pädagogik. Bochum, Freiburg 2007

Knauf, Tassilo: Freiräume schaffen – Spielräume entdecken. In: Klein und Groß 11-12/1995, S. 18-23

Knauf, Tassilo: Wir erziehen Kinder nicht, wir assistieren ihnen. Die Rolle der Erzieherin in der Reggio-Pädagogik. In: Welt des Kindes 4/1998, S. 13-19

Knauf, Tassilo/Krieg, Elsbeth: Hundert Welten entdecken. Ausstellung zur Pädagogik der Kindertagesstätten in Reggio Emilia. In: Welt des Kindes 9-10/1995, S. 56-57

Krieg, Elsbeth (Hrsg.): Hundert Welten entdecken. Die Pädagogik der Kindertagesstätten von Reggio Emilia. Essen, 1993

Küppers, Horst: Organisationsstruktur. In: Sabine Lingenauber: Handlexikon der Reggio-Pädagogik. Bochum, Freiburg, 2007 (2. Auflage), S. 94-103

Malaguzzi, Loris: Zum besseren Verständnis der Ausstellung: 16 Thesen zum pädagogischen Konzept. Berlin, 1984

Malaguzzi, Loris: Pädagogik als Projekt. Anmerkungen zur Philosophie der ›esperienza reggiana‹. In: Göhlich, Michael (Hrsg.): Offener Unterricht. Community Education. Alternativschulpädagogik. Reggiopädagogik. Die neuen Reformpädagogiken. Geschichte, Konzeption, Praxis. Weinheim, 1997, S. 197-201

Malaguzzi, Loris: Das Sichtbare und das Unsichtbare kindlicher Interaktion. In: Reggio Children (Hrsg.): Die Kinder vom Stummfilm: Fantasiespiele zwischen Fischen und Kindern in der Krippe. Neuwied, 1998a, S. 13-16

Malaguzzi, Loris: Die Fische und die Kinder vom Stummfilm. In: Reggio Children (Hrsg.): Die Kinder vom Stummfilm: Fantasiespiele zwischen Fischen und Kindern in der Krippe. Neuwied, 1998b, S. 9-12

Malaguzzi, Loris: Die Erklärung der drei Rechte. In: Reggio Children (Hrsg.): Ein Ausflug in die Rechte von Kindern. Aus der Sicht der Kinder. Mädchen und Jungen zwischen fünf und sechs Jahren aus dem Kindergarten „Diana“; kommunale Krippen und Kindergärten von Reggio Emilia. Neuwied, 1998c, S. 63-66

Malaguzzi, Loris: Protokolle der Arbeitsgruppen. AG Kindheit und Erziehung heute. In: Projektgruppe Reggio/Hamburg (Hrsg.): Wenn das Auge über die Mauer springt. Hamburger Dokumentation. Hamburg, 1990, S. 37-43

Malaguzzi, Loris: Der Übergang von Löwe zu Löwe. In: Reggio Children (Hrsg.): Hundert Sprachen hat das Kind. Neuwied, Kriftel, Berlin, 2002a, S. 54-57

Malaguzzi, Loris: Traubenlese mit den Bauern. In: Reggio Children (Hrsg.): Hundert Sprachen hat das Kind. Neuwied, Kriftel, Berlin, 2002b, S. 104-105

Ministerium für Bildung, Jugend und Sport des Landes Brandenburg u. a. (Hrsg.): Die 100 Sprachen der Kinder. Ausstellung zur Pädagogik der Kindertagesstätten in Reggio Emilia. Kyritz, 1995

Nido comunale Salvador Allende (Hrsg.): Salvador Allende (unveröffentlichte Konzeption). Reggio Emilia, o. J.

Reggio Children (Hrsg.): Die Kinder vom Stummfilm: Fantasiespiele zwischen Fischen und Kindern in der Krippe. Neuwied, 1998a

Reggio Children (Hrsg.): Ein Ausflug in die Rechte von Kindern. Aus der Sicht der Kinder. Mädchen und Jungen zwischen fünf und sechs Jahren aus dem Kindergarten „Diana"; kommunale Krippen und Kindergärten von Reggio Emilia. Neuwied, 1998b

Reggio Children (Hrsg.): Springbrunnen. Aus einem Projekt zur Konstruktion eines Vergnügungsparks für Vögel. Hauptakteure Mädchen und Jungen zwischen 5 und 6 Jahren aus dem Kindergarten „La Villetta". Neuwied, 1998c

Reggio Children (Hrsg.): Zärtlichkeiten: Eine Geschichte von Laura und Daniele. Protagonisten Laura Sassi und Daniele Campari, Kinder aus dem Kindergarten „La Villetta"; kommunale Krippen und Kindergärten von Reggio Emilia. Neuwied, 1998d

Reggio Children (Hrsg.): The Municipal Infant-Toddler Centers and Preschools of Reggio Emilia. Historical notes and general information. Reggio Emilia, 2000

Reggio Children (Hrsg.): Schuh und Meter. Wie Kinder im Kindergarten lernen. Weinheim, Berlin, Basel, 2002a

Reggio Children (Hrsg.): Hundert Sprachen hat das Kind. Neuwied, Kriftel, Berlin, 2002b

Reggio Children (Hrsg.): Advisories. Fife- and six-year-old children tell incoming three-year-olds about their new preschool. Reggio Emilia, 2002c

Rettig, Gisela: Abschlußplenum. In: Projektgruppe Reggio/Hamburg (Hrsg.): Wenn das Auge über die Mauer springt. Hamburger Dokumentation. Hamburg, 1990, S. 145-148

Rinaldi, Carla: Krippe – eine Bildungseinrichtung? In: Projektgruppe Reggio/Hamburg (Hrsg.): Wenn das Auge über die Mauer springt. Hamburger Dokumentation. Hamburg, 1990, S. 99-111

Rinke, Susanne/Knauf, Tassilo: Reggio, Montessori und die Reformpädagogik. Bausteine für eine Konzeption. In: Klein und Groß 6/1996, S. 6-10

Rodari, Gianni: Grammatik der Phantasie. Die Kunst, Geschichten zu erfinden. Leipzig, 1992

Scuola comunale dell'infanzia Anna Frank (Hrsg.): Anna Frank (unveröffentlichte Konzeption). Reggio Emilia, o. J.

Scuola comunale dell'infanzia Diana (Hrsg.): „Identity card" of the Diana (unveröffentlichte Konzeption). Reggio Emilia, o. J.

Scuola comunale dell'infanzia Diana (Hrsg.): Diana Hopp. Consiglieria per i bimbi di tre anni. Reggio Emilia, 1990

Scuola comunale dell'infanzia Ernesto Balducci (Hrsg.): Ernesto Balducci (unveröffentlichte Konzeption). Reggio Emilia, o. J.

Scuola comunale dell'infanzia La Villetta (Hrsg.): La Villetta (unveröffentlichte Konzeption). Reggio Emilia, o. J.

Senatsverwaltung für Jugend und Familie: Hundert Sprachen hat das Kind: Wie Kinder wahrnehmen, denken und gestalten lernen. Dokumentation der Veranstaltung zur Ausstellung aus Krippen und Kindergärten in Reggio Emilia/Italien. Berlin, 1991

Spaggiari, Sergio: Entwurf einer Kleinkinderziehung in den kommunalen Kindergärten in Reggio/Emilia. In: Projektgruppe Reggio/ Hamburg (Hrsg.): Wenn das Auge über die Mauer springt. Hamburger Dokumentation. Hamburg, 1990, S. 70-76

Sturloni, Stefano: Das Unsichtbare sehen. Reise an die Grenze des Lebendigen. In: Reggio Children (Hrsg.): Hundert Sprachen hat das Kind. Neuwied, Kriftel, Berlin, 2002, S. 188-193

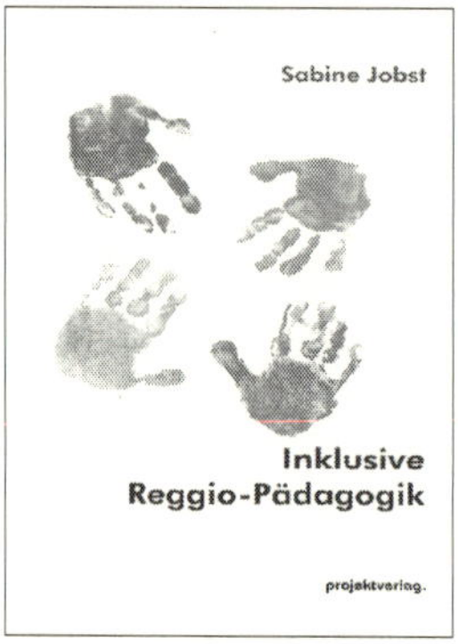

Sabine Jobst

Inklusive Reggio-Pädagogik

2007; 120 S.; 13,50 EUR [D]
ISBN 978-3-89733-164-8

Die von Sabine Jobst verfasste Publikation *Inklusive Reggio-Pädagogik* leistet – sowohl für die Praxis als auch für den Diskurs – einen wichtigen Beitrag. Zwar existiert bereits eine Vielzahl von Publikationen deutscher PädagogInnen zu unterschiedlichen Aspekten der Reggio-Pädagogik. Diese Publikationen wurden jedoch überwiegend von WissenschaftlerInnen aus dem Bereich der Frühkindlichen Pädagogik verfasst, zu deren Themenschwerpunkten in der Vergangenheit nicht das Thema Inklusion gehörte. Im Bereich der Integrationspädagogik fand die Reggio-Pädagogik bislang dagegen nur vereinzelt Beachtung.
In diesem Buch wird nun erstmals umfassend der Frage nachgegangen, was die Reggio-Pädagogik als inklusive Pädagogik ausmacht. Unter Berücksichtigung der englisch- und italienischsprachigen Literatur gibt Sabine Jobst einen exzellenten Überblick zu den inklusiven Aspekten der Reggio-Pädagogik, deren Bedeutung in den letzten Jahren weltweit zugenommen hat.

„Mit dieser Publikation leistet Sabine Jobst nicht nur einen wichtigen Beitrag zum allgemeinen Verständnis der Reggio-Pädagogik; vielmehr bereichert diese Arbeit auch die Praxis und den integrationspädagogischen Diskurs".
Sabine Lingenauber

projektverlag.
Verlag für Wissenschaft & Kultur

PF 10 19 07 · D-44719 Bochum
Telefon 0234.3 25 15 70 · Telefax 0234.3 25 15 71

Vertrieb@projektverlag.de Lektorat@projektverlag.de www.projektverlag.de